高等职业教育规划教材

Gonglu Gongcheng Celiang Shixun Zhidaoshu
公路工程测量实训指导书

潘 威 主 编
邵 平 副主编
李 强 主 审

人民交通出版社股份有限公司
China Communications Press Co.,Ltd.

内 容 提 要

本书为高等职业教育规划教材。全书是在吸取相关交通类职业院校工程测量教学实习指导书优点的基础上,结合用人单位对学生测量技能的要求,由实训指导教师和理论课授课老师共同编写。内容包括水准仪的认识与使用、普通水准测量(等外水准测量)等十四项实训任务和十三项单项技能考核。

本书可作为交通类职业院校公路工程测量实训指导教材使用。

图书在版编目(CIP)数据

公路工程测量实训指导书 / 潘威主编. —北京:
人民交通出版社股份有限公司, 2018.2
高等职业教育规划教材
ISBN 978-7-114-13943-7

Ⅰ.①公⋯ Ⅱ.①潘⋯ Ⅲ.①道路测量—职业教育—教材 Ⅳ.①U412.24

中国版本图书馆 CIP 数据核字(2017)第 150610 号

高等职业教育规划教材

书　　名:公路工程测量实训指导书
著　作　者:潘　威
责任编辑:刘　倩
出版发行:人民交通出版社股份有限公司
地　　址:(100011)北京市朝阳区安定门外外馆斜街 3 号
网　　址:http://www.ccpress.com.cn
销售电话:(010)59757973
总　经　销:人民交通出版社股份有限公司发行部
经　　销:各地新华书店
印　　刷:北京鑫正大印刷有限公司
开　　本:787×1092　1/16
印　　张:7.25
字　　数:164 千
版　　次:2018 年 2 月　第 1 版
印　　次:2018 年 2 月　第 1 次印刷
书　　号:ISBN 978-7-114-13943-7
定　　价:28.00 元

(有印刷、装订质量问题的图书由本公司负责调换)

前　言

公路工程测量实训涉及测量仪器操作、测量数据处理、控制测量技术、碎部测量技能、数字地形图测绘、施工放样、变形监测七项基本技能。

根据道路桥梁工程技术专业人才培养方案、专业教学标准和课程标准，在工程测量理论课教学过程中，应进行以两课时为单元的课间实训，理论课结束后须进行为期三周的野外综合实训或生产实习。两次实训的目标和方法不同，训练的针对性不同，技能训练的深度不同。课间实训主要解决单项技能的训练，综合实训主要提高学生对测量技术的综合应用能力以及解决生产性问题的能力。两者的出发点都是以生产实际为目的，加深对测量理论知识的进一步理解、掌握与综合应用，培养学生理论联系实际能力、独立工作能力、综合分析问题和解决问题能力、组织管理能力，是具体的、生动的、全面的技术实践活动。

本书在吸取交通类高职院校工程测量教学实习指导书优点的基础上，结合用人单位对学生测量技能的要求，由实训指导教师和理论课授课教师共同编写。本书包含14项课间实训、13项单项技能考核。

全书由河南交通职业技术学院潘威老师主编，由河南交通职业技术学院教授级高工、享受国务院特殊津贴专家李强主审。参加本书编写的有河南交通职业技术学院潘威、朱铁增、张丽娟、朱涛、张恩朝和中原高速公路股份有限公司高级工程师邵平。其中：实训须知至单项技能考核五、实训任务十四由潘威老师编写，实训任务五至单项技能考核七由朱铁增老师编写，单项技能考核八由朱涛老师编写，实训任务八至实训任务十三由张丽娟老师编写，实训报告十三由邵平老师编写，实训报告十四由张恩朝老师编写。全书由潘威老师统稿。

由于时间仓促，指导书中难免有不完善之处，这将在今后的实践教学中进一步改进。

编者

2017年10月

目　　录

实训须知 ………………………………………………………………………… 1

实训任务一　水准仪的认识与使用 …………………………………………… 5
 实训报告一　水准仪的认识与使用 ………………………………………… 8
 单项技能考核一　水准仪的认识与使用考核 …………………………… 10

实训任务二　普通水准测量(等外水准测量) ……………………………… 12
 实训报告二　普通水准测量 ……………………………………………… 14
 单项技能考核二　普通水准测量(闭合路线) …………………………… 17
 单项技能考核三　普通水准测量(附合路线) …………………………… 20

实训任务三　三、四等水准测量 …………………………………………… 23
 实训报告三　三、四等水准测量 ………………………………………… 26
 单项技能考核四　四等水准测量 ………………………………………… 29

实训任务四　水准仪的检验与校正 ………………………………………… 32
 实训报告四　水准仪的检验与校正 ……………………………………… 35
 单项技能考核五　水准仪的检验 ………………………………………… 37

实训任务五　施工抄平和高程放样 ………………………………………… 40
 实训报告五　施工抄平和高程放样 ……………………………………… 43
 单项技能考核六　施工抄平 ……………………………………………… 45

实训任务六　经纬仪的认识与操作 ………………………………………… 48
 实训报告六　经纬仪的认识与操作 ……………………………………… 50

实训任务七　测回法观测水平角 …………………………………………… 53
 实训报告七　水平角、竖直角测量 ………………………………………… 55
 单项技能考核七　水平角测量 …………………………………………… 58

单项技能考核八　竖直角测量 ………………………………………………… 60
实训任务八　经纬仪的检验和校正 …………………………………………………… 62
　　实训报告八　经纬仪的检验和校正 …………………………………………… 65
　　单项技能考核九　经纬仪视准轴检验 ………………………………………… 66
实训任务九　全站仪认识和使用 ……………………………………………………… 68
　　实训报告九　全站仪认识和使用 ……………………………………………… 70
　　单项技能考核十　全站仪坐标采集 …………………………………………… 73
　　单项技能考核十一　全站仪坐标放样 ………………………………………… 75
　　单项技能考核十二　全站仪测距、测角 ……………………………………… 77
实训任务十　GPS 控制测量数据采集与处理操作步骤 ……………………………… 79
　　实训报告十　GPS 认识与使用 ………………………………………………… 81
　　单项技能考核十三　RTK 测量 ………………………………………………… 83
实训任务十一　距离测量——钢尺一般量距 ………………………………………… 86
　　实训报告十一　距离测量 ……………………………………………………… 88
实训任务十二　直线定向 ……………………………………………………………… 90
　　实训报告十二　直线定向 ……………………………………………………… 92
实训任务十三　全站仪导线测量 ……………………………………………………… 94
　　实训报告十三　导线测量 ……………………………………………………… 99
实训任务十四　全站仪地形碎部测量 ………………………………………………… 101
　　实训报告十四　地形碎部测量 ………………………………………………… 105
参考文献 ………………………………………………………………………………… 108

实训须知

一、课间实训的目的和总体要求

1. 课间实训目的

巩固和验证在课堂上所学的理论知识,通过动手操作仪器,认知测量仪器的构造和使用方法,训练距离、角度、高程、坐标等专项测量方法、记录方法和相关计算方法,培养学生工程测量单项基本技能。

2. 课间实训总体要求

(1)在实训之前均需认真复习教材中相关部分内容,明确实训目的,熟记实训的内容、要求、过程和注意事项等。在实训过程中完成现场记录,并在实训结束后完成实训报告中的计算和文字描述,以及实训总结。

(2)实训分小组进行。每小组设组长和副组长各 1 人,负责组织与协调工作。

(3)实训应在规定的时间、地点进行,不得擅自改变地点和离开现场,不得无故缺席或迟到早退。实训中要严格按照仪器操作规程规范进行操作,爱护仪器和现场设施,遵守学校实习场地的有关规章制度。

(4)实训是学生个人技能培养的过程,也是为将来走向工作岗位所进行的岗位技能适应训练。参与实训的个人应该有责任意识,严格按照要求,认真、独立地完成实训任务。外业工作完成后,提交书写工整规范的实训报告。

二、仪器的借用方法

(1)实训分小组进行,组长负责组织协调工作,按组的顺序办理所用仪器和工具的借领手续。借领时,应当场清点检查并登记,如有缺损,及时报告实训室管理员给予补领或更换。

(2)在实训过程中或结束时,仪器及工具应妥善保存,未经许可,各组之间不得调换,发现仪器工具有遗失或损坏情况,应立即报告现场实训指导教师,同时要查明原因,并按照学校的仪器管理制度办理。

三、仪器使用规定

1. 领仪器时检查事项

(1)仪器箱盖是否关妥、锁好。

(2)背带、提手是否牢固,仪器外观是否有破损,仪器外部各旋钮旋转是否顺滑,阻尼是否正常。

(3)脚架与仪器是否相配,脚架各部分是否完好,脚架腿伸缩处的连接螺旋功能是否正常。

2. 打开仪器箱时的注意事项

(1)仪器箱平放在地面上或其他台面上时才能开箱,不要托在手上或抱在怀里开箱,以免仪器滑落。

(2)开箱后未取出仪器前,要注意仪器安放的位置与方向,以免用毕装箱时,因为安放位置不正确而损伤仪器。

3. 自箱内取出仪器时的注意事项

(1)凡是放置于专用箱体的测量仪器,在取出前一定要先放松制动螺旋,以免取出仪器时因强行扭转而损坏制动、微动装置,甚至损坏仪器轴系。

(2)自箱内取出仪器时,应一手握住支架,另一手扶住基座部分,轻拿轻放,不要用一只手抓放仪器。

(3)自箱内取出仪器后,要随即将仪器箱盖好,以免沙土、杂草等不洁之物进入箱内。还要防止搬动仪器时丢失附件。

(4)仪器取放和使用过程中,要避免触摸仪器的目镜、物镜,以免弄脏,影响成像质量。不允许用手指或手帕等擦拭仪器的目镜、物镜等光学部件。

4. 架设仪器时的注意事项

(1)伸缩式脚架三条脚架抽出后,要把固定螺旋拧紧,但不可用力过猛导致螺旋滑丝。要防止因螺旋未拧紧使脚架自行收缩而摔坏仪器。三条脚架拉出的长度要和仪器观测人员的身高相适应,以增加观测者的舒适度。

(2)架设脚架时,三条脚架分开的跨度要适中,脚架与地面大致呈45°角,以增加仪器安置的平稳性。若在斜坡上架设仪器,应使两条脚架在坡下(可稍放长),一条脚架在坡上(可稍缩短)。若在光滑地面上架设仪器,要采取安全措施(例如用细绳将脚架三条腿连接起来),防止因脚架滑动摔坏仪器。

(3)在脚架安放稳妥并将仪器放到脚架上后,应一手握住仪器,另一手立即旋紧仪器和脚架间的中心连接螺旋,避免仪器从脚架上掉下摔坏,或因连接不牢固影响作业精度。

(4)仪器箱多为薄型材料制成,不能承重,因此,严禁蹬、坐在仪器箱上。

5. 仪器在使用过程中注意事项

(1)在阳光下观测必须撑伞,防止日晒仪器(包括仪器箱)。雨天应禁止观测。对于电子测量仪器,在任何情况下均应撑伞防护。

(2)任何时候仪器旁必须有人守护。禁止无关人员操作仪器,注意防止行人、车辆碰撞仪器。

(3)如遇目镜、物镜外表面蒙上水汽而影响观测时(在冬季较常见),应稍等一会或用纸片扇风使水汽散发。如镜头上有灰尘,应用仪器箱中的软毛刷拂去。严禁用手帕或纸张擦拭,以免擦伤镜面。观测结束应及时套上物镜盖。

(4)操作仪器时,用力要均匀,动作要准确、轻捷。制动螺旋不宜拧得过紧,微动螺旋和脚螺旋宜使用中段螺纹,用力过大或动作太猛都会对仪器造成损伤。

(5)转动仪器时,应先松开制动螺旋,然后平稳转动。使用微动螺旋时,应先旋紧制动螺旋。

6. 仪器迁站时的注意事项

（1）在远距离迁站或通过行走不便的地区时，必须将仪器装箱后再迁站。

（2）在近距离且平坦地区迁站时，可将仪器连同三脚架一起搬迁。首先检查连接螺旋是否旋紧，松开各制动螺旋，再将三脚架腿收拢，然后一手托住仪器的支架或基座，一手抱住脚架，稳步行走。搬迁时切勿跑行，防止摔坏仪器。严禁将仪器横扛在肩上搬迁。

（3）迁站时，要清点所有的仪器和工具，防止丢失。

7. 仪器装箱时的注意事项

（1）仪器使用完毕，应及时盖上物镜盖，清除仪器表面的灰尘和仪器箱、脚架上的泥土。

（2）仪器装箱前要先松开各制动螺旋，将脚螺旋调至中段并使大致等高。然后一手握住仪器支架或基座，另一手将中心连接螺旋旋开，双手将仪器从脚架上取下，放入仪器箱内。

（3）仪器装入箱内要试盖一下，若箱盖不能合上，说明未正确放置仪器，应重新放置，严禁强压箱盖，以免损坏仪器。在确认安放正确后，再将各制动螺旋略为旋紧，防止仪器在箱内自由转动而损坏某些部件。

（4）清点箱内附件，若无缺失，则将箱盖盖上，扣好搭扣，上锁。

8. 测量工具的使用

（1）使用钢尺时，应防止扭曲、打结，防止行人踩踏或车辆碾压，以免折断钢尺。携尺前进时，不得沿地面拖拽，以免钢尺尺面刻度磨损。使用完毕，应将钢尺擦净并涂油防锈。

（2）使用皮尺时应避免沾水，若受水浸，应晾干后再卷入皮尺盒内。收卷皮尺时，切忌扭转卷入。

（3）水准尺和花杆应避免受横向压力，不得将水准尺和花杆斜靠在墙上、树上或电线杆上，以防倒下摔断，也不允许在地面上拖拽，或用花杆作标枪投掷。

（4）小件工具如垂球、尺垫等，应用完即收，防止遗失。

四、记录与计算注意事项

（1）实训所得各项数据的记录和计算，必须按记录格式用2H(或H、3H)铅笔认真填写，字迹应清楚并随观测随记录，字体大小只能占记录格的一半，以便留出空隙更改错误。记录观测数据之前，应将表头的仪器型号、日期、天气、测站、观测者及记录者姓名等无一遗漏地填写齐全。不准将数据先记在草稿纸上，然后转抄入记录表中，更不准伪造数据。观测者读出数字后，记录者应将所记数字复诵一遍，以防听错、记错。

（2）记录错误时，不准用橡皮擦去，不准在原数字上涂改，应将错误的数字划去，并把正确的数字记在原数字上方。

（3）禁止连续更改数字，例如：水准测量中的黑、红面读数，角度测量中的盘左、盘右读数，距离丈量中的往测与返测结果等，均不能同时更改，否则，必须重测。

（4）简单的计算与必要的检校，应在测量现场及时完成，确认无误后方可迁站。

（5）记录表格上规定的内容及项目必须填写，不得空白。

（6）观测数据应表现其精度及真实性，如水准尺读数读至毫米，则应记1.530m，不能省略0记成1.53m；度盘读数30°00′00″中的"0"均应填写。

五、赔偿办法

（1）仪器、设备凡有丢失、损坏，均由相关责任人负责赔偿。

（2）仪器、设备损坏情况较轻，且能修理复原者，相关责任人赔偿修理费。

（3）设备丢失或损坏情况严重，不能修复，或虽可修复但仪器精度严重损伤，则酌情按原价或折价赔偿。

（4）仪器价值昂贵，如相关责任人在经济上无力负担，则除赔偿力所能及的费用外，另给纪律处分。

（5）如果属于不听劝阻或有意损坏者，加重赔偿，同时实训成绩评为零分。

（6）赔偿之费用，必须限期交实训室。除确有经济困难，经学校批准或延期者，逾期不交，从有关费用中扣除。

实训任务一　水准仪的认识与使用

一、训前思考

(1)在公路设计和施工中,在哪些工作任务中会使用到水准仪?
(2)联想水准仪外观特征,回忆课堂教学时教师演示的仪器构造、操作方法和技术要点。
(3)水准仪上的圆水准器和管水准器各起什么作用?
(4)什么是视差?如何消除视差?

二、目的和要求

(1)了解 DS_3 型水准仪的构造,熟悉各部件的名称、作用及功能。
(2)练习水准仪的使用方法和水准尺的读数方法。
(3)测量地面两点间的高差。

三、实训组织及仪器工具

(1)5~6 人一组。
(2)DS_3 型水准仪 1 台,水准尺 2 根。

四、方法与步骤

安置仪器—粗略整平—瞄准水准尺—精确置平—读数。

1. 安置仪器练习

在适宜位置将三脚架张开,使其高度适当,架头大致水平,并将脚架尖踩入土中。把仪器从仪器箱中取出,然后用连接螺旋将仪器固定在三脚架上。

2. 水准仪认识

指出仪器各部件的名称,了解其作用并熟悉其使用方法。同时,熟悉水准尺的分划与注记。

3. 粗略整平

如图 1-1 所示,按"左手大拇指运动法则",先用双手同时反向旋转一对脚螺旋,气泡会顺着左手大拇指方向移动,使圆水准器气泡移至中间,再转动另一只脚螺旋使气泡居中。通常需反复进行。

4. 瞄准水准尺

(1)目镜调焦。将望远镜对着明亮的背景(如天空或白色明亮物体),转动目镜调焦螺旋,使望远镜内的十字丝像十分清晰。

(2)初步瞄准。松开制动螺旋,转动望远镜,用望远镜筒上方的照门和准星瞄准水准尺,初步进行物镜调焦,使在望远镜内能看到水准尺像,此时立即拧紧制动螺旋。

(3)物镜调焦和精确瞄准。转动物镜调焦螺旋进行仔细调焦,使水准尺的分划像十分清晰,并注意消除视差。再转动水平微动螺旋,使十字丝的竖丝对准水准尺或靠近水准尺的一侧。

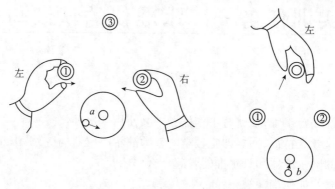

图1-1 左手大拇指运动法则示意图

5. 精确整平水准仪

转动微倾螺旋,使符合水准气泡两端的半像吻合,如图1-2所示。注意微倾螺旋转动方向与符合水准管左侧半气泡移动方向一致。

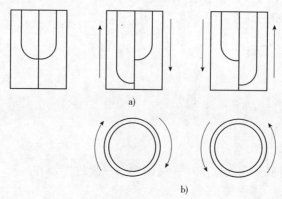

图1-2 符合水准气泡

6. 读数练习

用十字丝中丝在水准尺上读取米(m)、分米(dm)、厘米(cm),估读毫米(mm)数,即读出四位有效数字。

五、变更仪器高法测定地面两点间高差实训

(1)在地面上选择 A、B 两点,如图1-3所示。

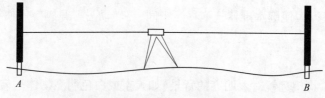

图1-3 两点间高差实训示意图

（2）在 A、B 两点之间安置水准仪，使水准仪到 A、B 两点的距离大致相等，并粗略整平。

（3）在 A、B 两点上各竖立一根水准尺，先瞄准 A 点上的水准尺，精确整平后读数，此为后视读数，记入水准测量观测手簿中。

（4）然后瞄准 B 点上的水准尺，精确整平后读数，此为前视读数，记入表中。

（5）计算 A、B 两点的高差：

$$h_{AB}=后视读数-前视读数$$

（6）不移动水准尺，改变水准仪的高度（升高或降低 10cm 以上），再测两点间的高差，两点间的高差之差不应大于 5mm。

六、注意事项

（1）不能在没有消除视差的情况下读数。

（2）在水准尺上读数时，符合水准气泡必须居中。不能用脚螺旋调整符合水准气泡使其居中。

（3）微动螺旋和微倾螺旋应保持在中间运行，不要旋到极限。

（4）观测者在观测过程中不得碰触脚架。

实训报告一　水准仪的认识与使用

班级		指导教师	
日期		天气		组别	
姓名		学号		仪器编号	

一、完成如图 1-4 所示 DS_3 型水准仪各部件名称的填写

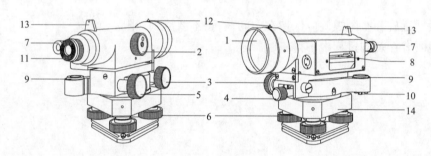

图 1-4　DS_3 型水准仪

1. _____ ；2. _____ ；3. _____ ；4. _____ ；5. _____ ；
6. _____ ；7. _____ ；8. _____ ；9. _____ ；10. _____ ；
11. _____ ；12. _____ ；13. _____ ；14. _____

二、完成下列填空

1. 微倾式水准仪技术操作步骤为：_____、_____、_____、_____。
2. 安置仪器后，转动_____使圆水准器气泡居中，转动_____看清十字丝，通过_____概略地瞄准水准尺，转动_____精确照准水准尺，转动_____消除视差，转动_____使符合水准气泡居中，最后读数。
3. 消除视差的步骤是：转动_____，使_____清晰，再转动_____，使_____清晰。

三、记录计算

1. 记录水准尺上读数：A 尺的读数为_____m，B 尺的读数为_____m。
2. 计算（假设 A 点的高程 H_A = 145.678m）
（1）A 点比 B 点（高、低）_____。
（2）A、B 两点的高差 h_{AB} = _____m，B 点的高程 H_B = _____m。
（3）水准仪的视线高 H_i = _____m，B 点的高程 H_B = _____m。

四、结合实训过程,回答下述问题

1. 水准仪安置的高度和位置对测算地面两点间高差或各点高程有无影响?

2. 试问粗略整平时,气泡移动的方向与左手大拇指旋转脚螺旋时的方向是否一致?

3. 试问精确整平时,微倾螺旋的转动方向与左侧半气泡影像的移动方向是否一致?

4. 试问在同一水平视线下,是否某点水准尺的读数越大,则该点高程就越低?反之亦然?

5. 怎样使用微动螺旋?什么情况下微动螺旋会不起作用?

6. 为什么照准标尺的方向改变后,要重新调试微倾螺旋使气泡符合?

五、实训总结(包括知识、技能、态度认识,100字以上)

单项技能考核一　水准仪的认识与使用考核

一、考核内容:微倾式水准仪技术操作

在规定时间内,每位学生独立操作仪器,变更仪器高,完成一测站水准测量,测定两点之间高差。

二、考核时限与配分

准备时间:3 分钟;考核时间:5 分钟;配分:30 分。

三、仪器、工具准备

各种仪器、工具(表 1-1)使用之前,均应检验校正,确保性能完好。

仪器、工具规格及数量　　　　　　　　　　　　　表 1-1

序号	仪器名称	规　格	数　量	备　注
1	微倾式水准仪	DS_3	1套	
2	普通水准尺	3m	2根	

四、考场准备

(1)操作场地应整洁无干扰。
(2)操作场地应通视良好,方便布线。
(3)考核用水准点和有关计算数据,应由实训教师考核前提前准备好并通知考生。

五、考核记录表(表 1-2)

水准测量记录表　　　　　　　　　　　　　表 1-2

测　站	测点	水准尺读数(m)		高差(m)	
		后视读数	前视读数	实测值	平均值
第一次观测	BM_A				
	BM_B				
变更仪器高后第二次观测	BM_A				
	BM_B				
h_1-h_2					

六、技能考核评分表(表1-3)

技能考核评分表　　　　　　　　　　　　　表1-3

考生姓名:_____ 班级:_____ 所用时间:_____ 得分:_____

项　目		评 分 标 准	配分	得分
准备工作	仪器工具准备	测量仪器、工具(水准仪、水准尺、记录计算表、铅笔)准备齐全、精度符合标准,完成测设后按规定整理仪器和现场等,否则每项扣1分	3	
仪器操作	安置仪器	安置仪器不稳定、高度不适中、前后视距不相等(视距差大于5m)、脚架两脚连线与路线方向不一致,每项扣2分	6	
	粗平	圆水准气泡不居中(水准气泡偏离黑圈)扣3分	3	
	瞄准	制动顺序颠倒扣1分,照准目标不准确扣1分	2	
	精平	忘记精平扣4分,身体碰触仪器扣1分	5	
读数	第一次前尺读数	读数错误扣2分	8	
	第一次后尺读数	读数错误扣2分		
	变更仪器高前尺读数	读数错误扣2分		
	变更仪器高后尺读数	读数错误扣2分		
检查	读数后精平检查	读数后忘记精平检查扣2分	3	
	变更仪器高前后高差之差	高差之差大于5mm扣1分		
总分			30	

监考老师:_____　　　　　　　　　　日期:_____

实训任务二　普通水准测量（等外水准测量）

一、训前思考

(1)在公路勘察设计和公路施工的哪些阶段会用到等外水准测量？
(2)水准测量中，转点有什么作用？
(3)水准测量中可能会产生哪些测量误差？在测量过程中应如何消除或者减弱它们的影响？
(4)水准仪在测站上整平后，先读取后视读数，然后由后视转到前视，发现圆水准器气泡偏离中心，此时应如何处理？

二、目的和要求

(1)训练普通水准测量的观测、记录、计算和检核的方法。
(2)了解一般工程中常见的水准路线的布设形式。
(3)如图2-1所示，从一已知水准点BM_1开始，沿各特定高程点2、3、4，进行闭合水准路线测量。查《工程测量规范》(GB 50026—2007)，等外水准测量高差闭合差的容许值为：$f_h = \pm 12\sqrt{n}$或$f_h = \pm 40\sqrt{L}$。

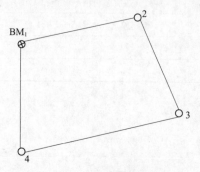

图2-1　闭合水准路线测量

如观测成果满足精度要求，对观测成果进行整理，推算出2、3、4点的高程。

三、工程应用范围

可应用于图根高程控制测量、高精度重力测点高程测量、土方测量和工程高程放样等。

四、普通(等外)水准测量的技术要求

等外附合、闭合水准路线及支水准路线，应起闭于四等以上(包括四等)水准点。主要技术要求应符合表2-1。

水准测量技术要求 表 2-1

每千米高差中误差(mm)	附合路线长度(km)	水准仪型号	视线长度(m)	观 测 次 数		往返较差、附合或环线闭合差(mm)	
				附合或闭合	支水准	平地	山地
20	≤5	DS_{10}	≤100	往一次	往返各一次	$40\sqrt{L}$	$12\sqrt{n}$

注：1. L 为往返测段、附合或环线水准路线的长度(km)；n 为测站数。
  2. 当水准路线布设成支线时，其路线长度不应大于2.5km。

五、实训组织及仪器工具

（1）5~6人一组。
（2）DS_3 水准仪1台，水准尺2根。

六、方法与步骤

（1）从指定水准点出发，按普通水准测量的要求布设一条闭合（或附合）水准路线，背离已知点的方向为前进方向。在相邻两水准点之间要设立若干个转点，前、后视距大约相等，其距离不超过70m。

（2）测站操作程序是后视后点上的水准尺，精平，用中丝读取后尺的读数，记入普通水准测量记录表中。前视转点上的水准尺，并精平读数，记入普通水准测量记录表中。然后立即计算该站的高差。

（3）迁至第2站，继续上述操作程序，直至最后回到 BM_1 点。根据已知高程及测站的高差，计算水准线路的高差闭合差，并检查高差闭合差是否超限。

（4）若高差闭合差在容许的范围内，则对高差闭合差进行调整，计算各特定点的高程。若闭合差超限，则应返工重测。

七、注意事项

（1）在每次读数之前，要消除视差，并使符合水准气泡严格居中，用中丝读数。不能在没有消除视差情况下读数。在水准尺上读数时，符合水准气泡必须居中。不能用脚螺旋调整符合水准气泡居中。

（2）微动螺旋和微倾螺旋应保持在中间运行，不要旋到极限。

（3）在已知点和待测高程点上不能放尺垫，但转点必须放尺垫。在仪器迁站时，不能移动前视点的尺垫。

（4）观测者在观测过程中不得碰触脚架。

（5）水准尺必须扶直，不得前后、左右倾斜。

八、上交资料

每人上交一份含有合格观测记录的实训报告。

实训报告二　普通水准测量

班级		指导教师	
日期		天气		组别	
姓名		学号		仪器编号	

一、一测站水准测量的基本操作程序填空

1. 在已知_____和_____之间安置水准仪,进行粗平。
2. 照准后视点(即已知水准点)上的_____,精确整平,按横丝读出_____。
3. 松开水平制动螺旋,按顺序逐点照准前视点(即待定点)上的水准尺,再次精确整平,按横丝读出各点_____,记录在实训记录表中。
4. 按有关公式计算高差或视线高程,推算待定点的_____。

二、根据实训内容,完成水准测量手簿(表 2-2)

水准测量记录表　　　　　　　　　　　　　表 2-2

测站	测点	水准尺读数(m)		高差(m)		高程(m)	备注
		后视读数	前视读数	+	−		
1							已知水准点
2							
3							
4							
5							
6							已知水准点
Σ							

三、完成下列填空

1. 水准测量时,由于水准尺未竖直,则该水准尺读数比正确读数_____。
2. 水准测量中,转点的作用是_____高程,在同一转点上,既有本站_____读数,又有下站_____读数。

3. 水准测量中丝读数时,不论是正像或倒像,应由_____到_____,并估读到_____。

4. 水准测量高差闭合的调整方法是将闭合差反其符号,按各测段的_____成比例分配或按_____成比例分配。

四、完成水准测量成果整理

1. 在水准点 BM_A 和 BM_B 之间进行水准测量,所测得的各测段的高差和水准路线长度如图2-2所示。已知 BM_A 的高程为15.612m,BM_B 的高程为15.400m,试将有关数据填在水准测量高差调整表中,见表2-3。最后计算水准点1和2的高程。

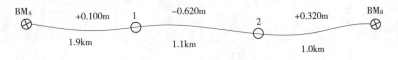

图 2-2 两点间进行水准测量

水准测量成果整理表 表2-3

点 号	测段长度(km)	实测高差(m)	改正数(m)	改正后高差(m)	高程(m)
BM_A					15.612
1					
2					
BM_B					15.400
Σ					

2. 闭合水准路线高差观测,已知 A 点高程 $H_A = 41.20$m,观测数据如图2-3所示,计算 B、C、D、E 点的高程,填入表2-4。

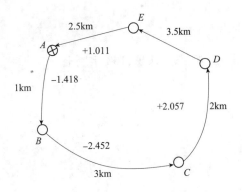

图 2-3 闭合水准路线高差观测示意图

闭合水准测量成果整理表　　　　　　　表 2-4

测段编号	测点	测段长度（km）	实测高差（m）	改正数（m）	改正后高差（m）	高程（m）	备注
1	A	1	-1.418			41.200	
2	B	3	-2.452				
3	C	2	2.057				$f_h = \sum h_{测段}$
4	D	3.5	0.778				$f_{h容} = \pm 30\sqrt{L}$
5	E	2.5	1.011				
	A					41.200	
Σ		12.0	-0.024				

五、结合实训过程，回答下述问题

1. 说明水准路线的形式及其在工程高程控制测量中的适用情况？

2. 什么是高差闭合差？写出不同水准路线形式的高差闭合差计算公式。

3. 水准仪上的圆水准器和管水准器各起什么作用？

4. 什么是视差？如何消除视差？

六、实训总结（包括知识、技能、态度认识，100 字以上）

单项技能考核二　普通水准测量(闭合路线)

一、考核内容:闭合水准测量

如图 2-4 所示,已知一个水准点 A,高程为 $H_A = 70.159\text{m}$,试用闭合水准测量的方法确定另外三个水准点 B_1、B_2、B_3 的高程。路线总长约 300m。

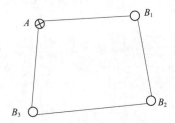

图 2-4　闭合水准测量路线示意图

二、技术标准与考核要求

1. 技术标准

等外图根水准测量主要技术指标:

$$f_h = \pm 40\sqrt{L} \text{ 或 } \pm 12\sqrt{n} \quad (\text{mm})$$

2. 考核要求

(1)在指定的地点进行考核。
(2)以 1 人为主要操作考核,2 人辅助。

三、考核时限与配分

准备时间:10 分钟;考核时间:40 分钟;配分:100 分。

四、仪器、工具准备

各种仪器、工具(表 2-5)使用之前,均应检验校正,确保性能完好。

仪器、工具规格及数量　　表 2-5

序号	仪器名称	规格	数量	备注
1	微倾水准仪	DS$_3$	1 套	
2	普通水准尺	3m	2 根	

五、考场准备

（1）操作场地应整洁无干扰,具有安全防火措施。
（2）操作场地应通视良好,方便布线。
（3）考核用水准点和有关计算数据,应由考核教师考核前提前准备好并通知考生。

六、技能考核答题卷及数据处理(表 2-6、表 2-7)

考核答题卷   表 2-6

考生姓名:_____ 班级:_____ 学号:_____ 得分:_____

测站	测点	水准尺读数(m)		高差(m)		高程(m)	备注
		后视读数	前视读数	+	-		
1	BMA						已知水准点
2	BMB1						待测点
3	BMB2						待测点
4	BMB3						待测点
	BMA						已知水准点
Σ							

水准测量成果计算表   表 2-7

测段编号	测点	测段长度(km)	实测高差(m)	改正数(m)	改正后高差(m)	高程(m)	备注
I	BM_A						A 点为已知高程点: $H_A =$ _____ 精度校核: $f_h =$ _____ $f_{h容许} = \pm 12\sqrt{L}$ 精度:是否满足精度要求?
II	B_1						
III	B_2						
IV	B_3						
Σ	BM_A						

七、技能考核评分表(表 2-8)

技能考核评分表   表 2-8

考生姓名:_____ 班级:_____ 所用时间:_____ 得分:_____

项 目	评 分 标 准	配分	得分
准备工作	测量仪器(水准仪、普通水准尺、记录计算表、笔)准备齐全,精度符合标准,测设完毕按规定整理仪器及现场等,否则每项扣1分	5	

续上表

项　目	评 分 标 准	配分	得分
安置仪器	安置仪器位置不稳定,高度不适中,前后视距不相等(视距差大于5m),每次扣2分	5	
仪器整平	圆水准气泡不居中(水准气泡偏离黑圈),每次扣1分	6	
	忘记精平,每次扣1分,扣完为止	6	
	操作不规范,步骤不正确或照准目标不准确,每次扣2分	8	
精度	闭合差允许值:$f_h = \pm 40\sqrt{L}$ 或 $\pm 12\sqrt{n}$(mm),超出允许误差范围时,本项不得分	30	
记录计算	记录应规范清楚、无涂改,若有涂改,每处扣1分	5	
	计算错误扣5分,不累计扣分	5	
时间		30	
总分		100	
监考老师:	日期:		

注:时间考核项成绩满分为30分。以参加此模块考核的同学最先提交成果的为基准,时间计为 T_1,成绩计为30分;完成时间最晚的一组,时间计为 T_2,成绩计为 $30 \times 60\%$;其余同学成绩 s_i(时间计为 T_i)按下列公式计算: $s_i = \left(1 - \dfrac{T_i - T_1}{T_2 - T_1} \times 40\%\right) \times 30$。

单项技能考核三　普通水准测量(附合路线)

一、考核内容:附合水准路线

已知水准点 A 的高程为 $H_A=70.159$m,水准点 B 的高程为 $H_B=80.556$m,试用附合水准路线的方法确定在从 A 到 B 的路线上2个待测水准点的高程。路线总长约350m。

二、技术标准与考核要求

1. 技术标准
本考核采用的技术标准:

$$f_h = \pm 40\sqrt{L} \text{ 或} \pm 12\sqrt{n} \quad (\text{mm})$$

2. 考核要求
(1)在指定的地点进行考核。
(2)以1人为主要操作考核,2人辅助。
(3)操作要规范,记录、计算清晰准确,操作步骤正确,指挥准确恰当,思路清晰。
(4)由考核教师选定水准点 A 及其高程 H_A、水准点 B 及其高程 H_B,提供待测水准点 C、D 的位置,选定水准路线(3个测站,不设转点),并提供测段长度。

三、考核时限与配分

准备时间:10分钟;考核时间:30分钟;配分:100分。

四、仪器、工具准备

各种仪器、工具(表2-9)使用之前均应检验校正,确保性能完好。

仪器、工具规格及数量　　　　　　　　　　　　表2-9

序号	仪器名称	规　　格	数　量	备　注
1	微倾水准仪	DS$_3$	1套	
2	普通水准尺	3m	2根	

五、考场准备

(1)操作场地应整洁无干扰,具有安全防火措施。
(2)操作场地应通视良好,方便布线选点。
(3)考核用水准点和有关计算数据,应由考核教师考核前提前准备好并通知考生。

六、技能考核答题卷及数据处理（表2-10、表2-11）

考核答题卷　　　　　　　　　　　表2-10

考生姓名：_____　班级：_____　所用时间：_____　得分：_____

测　点	水准尺读数(m)		高差(mm)	
	后视	前视	+	-
BM_A				
BM_C				
BM_D				
BM_B				

内业数据处理表　　　　　　　　　　　表2-11

测段编号	测点	测段长(km)	实测高差(m)	改正数(m)	改正后的高差(m)	高程(m)
1	BM_A					
2	BM_C					
3	BM_D					
	BM_B					
	Σ					
备注	\multicolumn{6}{l}{$f_h = \Sigma h - (H_B - H_A) =$　　　是否满足精度要求_____$f_{h容} = \pm 40\sqrt{L} =$　　　$V_i = -\dfrac{f_h}{L} =$}					

七、技能考核评分表（表2-12）

技能考核评分表　　　　　　　　　　　表2-12

考生姓名：_____　班级：_____　所用时间：_____　得分：_____

项　目	评 分 标 准	配分	得分
准备工作	测量仪器、工具（水准仪、普通水准尺、记录计算表、笔）准备齐全，精度符合标准，测设完毕按规定整理仪器及现场等，否则每项扣1分	5	
安置仪器	安置仪器位置不稳定，高度不适中，前后视距不相等（视距差大于5m），每次扣2分	5	
仪器整平	圆水准气泡不居中（水准气泡偏离黑圈），每次扣1分	6	
	忘记精平，每次扣1分，扣完为止	6	
	操作不规范，步骤不正确或照准目标不准确，每次扣2分	8	

续上表

项 目	评 分 标 准	配分	得分
精度	闭合差允许值:$f_h = \pm 40\sqrt{L}$ 或 $\pm 12\sqrt{n}$(mm),超出允许误差范围时,本题不得分	30	
记录计算	记录应规范清楚、无涂改,若有涂改,每处扣1分	5	
	计算错误扣5分,不累计扣分	5	
时间		30	
总分		100	

监考老师:	日期:

注:时间考核项成绩满分为30分。以参加此模块考核的同学最先提交成果的为基准,时间计为T_1,成绩计为30分;完成时间最晚的一组,时间计为T_2,成绩计为$30 \times 60\%$;其余同学成绩s_i(时间计为T_i)按下列公式计算:$s_i = \left(1 - \dfrac{T_i - T_1}{T_2 - T_1} \times 40\%\right) \times 30$。

实训任务三　三、四等水准测量

一、训前思考

(1) 在公路勘察设计和公路施工的哪些阶段会用到三、四等水准测量?

(2) 三、四等水准测量和普通水准测量比较,使用的仪器设备、观测过程方法以及数据处理有哪些不同之处?

(3) 查《工程测量规范》(GB 50026—2007),熟记三、四等水准测量的技术要求。

二、目的和要求

(1) 训练三、四等水准测量的观测、记录、计算和检核的方法。

(2) 作为测区的首级控制,一般布设成闭合环线;如果进行加密,则采用附合水准路线或支水准路线。

(3) 如图 3-1 所示,从一已知水准点 BM_1 开始,沿各特定高程点 2、3、4 组成的闭合水准路线进行四等水准测量,查《国家三、四等水准测量规范》(GB/T 12898—2009),三、四等水准测量往返高差不符值与环线闭合差的限差按表 3-1 规定。

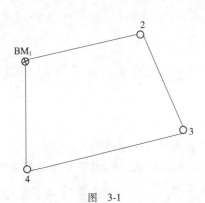

图　3-1

三、四等水准测量往返高差不符值与环线闭合差的限值　　　　表 3-1

等级	测段、路线往返测高差不符值	测段、路线的左右路线高差不符值	附合路线闭合差或环闭合差		检测已测测段高差之差
三等	$\pm 12\sqrt{K}$	$\pm 8\sqrt{K}$	$\pm 12\sqrt{L}$	$\pm 15\sqrt{L}$	$\pm 20\sqrt{R}$
四等	$\pm 20\sqrt{K}$	$\pm 14\sqrt{K}$	$\pm 20\sqrt{L}$	$\pm 25\sqrt{L}$	$\pm 30\sqrt{R}$

注:K-路线或测段的长度,km;L-附合路线(环线)长度,km;R-检测测段长度,km;山区指高程超过 1000m 或路线中最大高差超过 400m 的地区。

三、工程应用范围

小区域首级控制;一、二、三等水准网水准点的加密;高架桥、高速公路、一级公路高程控制测量。

四、三、四等水准测量的技术要求

(1)高程系统:三、四等水准测量起算点的高程一般引自国家一、二等水准点,若测区附近没有国家水准点,也可建立独立的水准网,这样起算点的高程应采用假定高程。

(2)布设形式:如果是作为测区的首级控制,一般布设成闭合环线;如果进行加密,则多采用附合水准路线或支水准路线。三、四等水准路线一般沿公路、铁路或管线等坡度较小,便于施测的路线布设。

(3)点位的埋设:其点位应选在地基稳固,能长久保存标志和便于观测的地点,水准点的间距一般为 1~1.5km,山岭重丘区可根据需要适当加密,一个测区一般至少埋设 3 个以上的水准点。

每一测站的技术要求如表 3-2 所示。

每一测站的技术要求　　　　　表 3-2

等级	视线长度(m)	视线高度(m)	前后视距差(m)	前后视距累积差(m)	红黑面读数差(尺常数误差)(mm)	红黑面所测高差之差(mm)
三等	≤65	≤0.3	≤3	≤6	≤2	≤3
四等	≤80	≤0.2	≤5	≤10	≤3	≤5

五、实训组织及仪器工具

(1)5~6 人一组。

(2)DS_3 水准仪 1 台,铟瓦水准尺 2 根或者双面尺 2 根,尺垫 2 个。

六、观测方法

三等水准测量采用中丝读数法进行往返观测,当使用有光学测微器的水准仪和线条式铟瓦水准标尺观测时,也可进行单程双转点观测;四等水准测量采用中丝读数法进行单程观测,支线采用往返测或单程双转点观测。

1. 测站上观测顺序和方法

(1)三等水准测量每测站照准标尺分划顺序为:

①后视标尺黑面(基本分划);

②前视标尺黑面(基本分划);

③前视标尺红面(辅助分划);

④后视标尺红面(辅助分划)。

(2)四等水准测量每测站照准标尺分划顺序为:

①后视标尺黑面(基本分划);

②后视标尺红面(辅助分划);

③前视标尺黑面(基本分划);
④前视标尺红面(辅助分划)。

2. 一测站的操作程序

(1)首先整置仪器竖轴至垂直位置(望远镜绕竖轴旋转时,水准气泡两端分离不大于1cm)。

(2)将望远镜对准后视标尺黑面,用倾斜螺旋使水准气泡准确居中,按视距丝和中丝精确读取标尺读数(四等水准观测可不读上、下丝读数,直接读取距离)。

(3)照准前视标尺黑面,按第二步操作。

(4)照准前视标尺红面,按第二步操作,此时只读中丝读数。

(5)照准后视标尺红面,按第四步操作。

使用单排分划的铟瓦水准尺观测时,对单排分划进行两次照准读数;代替基辅分划读数。

3. 自动安平水准仪的操作程序

与气泡式水准仪相同。每测站观测前,首先将概略整平水准气泡至中央,然后按照规定顺序照准标尺进行读数。

4. 单程双转点法观测

三、四等水准测量,采用单程双转点法观测时,在每一个转点处,安置左右相距0.5m的两个尺台,相应于左右两条水准路线。每一测站按规定的观测方法和操作程序,首先完成右侧路线的观测,然后进行左侧路线的观测。

七、注意事项

(1)观测时,须用测伞遮蔽阳光,迁站时,应罩以仪器罩。

(2)对具有倾斜螺旋的水准仪,观测前应测出倾斜螺旋的置平零点,并作标记,随着气温变化,应随时调整零点位置。对于自动安平水准仪的水准器,观测前须严格置平。

(3)在连续测站上安置水准仪的三脚架时,应使其中两脚与水准路线的方向平行,第三脚轮换置于路线方向的左侧与右侧。

(4)除路线转弯处外,每一测站上仪器和前后视标尺的三个位置,尽量接近一条直线。

(5)同一测站上观测时,一般不得两次调焦。仅当视线长度小于10m,且前后视距差小于1m时,可在观测前后标尺时调整焦距。

(6)每一测段的往测与返测,其测站数均应为偶数,由往测转向返测时,两支标尺需互换位置,并应重新整置仪器。

(7)在高差较大的地区进行三、四等水准测量时,应尽可能使用铟瓦水准标尺,按光学测微法施测。

八、上交资料

每人上交一份含有合格观测记录的实训报告。

实训报告三　三、四等水准测量

班级		指导教师	
日期		天气		组别	
姓名		学号		仪器编号	

一、采用双面尺观测法,三、四等水准测量的观测程序填空

1. 后视水准尺黑面,使圆水准器气泡居中,读取_____、_____丝读数,转动微倾螺旋,使符合水准气泡居中,读取_____丝读数。

2. 前视水准尺黑面,读取_____、_____丝读数,转动微倾螺旋,使符合水准气泡居中,读取_____丝读数。

3. 前视水准尺_____面,转动微倾螺旋,使符合水准气泡居中,读取_____丝读数。

4. 后视水准尺_____面,转动微倾螺旋,使符合水准气泡居中,读取_____丝读数。

这样的观测顺序简称为"后—前—前—后"(三等水准测量)。其优点是:可以大大减弱仪器下沉误差的影响。四等水准测量每站观测顺序可为:"_____—_____—_____—_____"。

二、三、四等水准测量的技术知识填空

1. 一对双面水准尺的红、黑面的零点差应为_____ m、_____ m。

2. 三、四等水准测量,采用双面水准尺时,每站有_____个前、后视读数。

3. 平原微丘区三等水准测量容许闭合差计算公式为_____或_____。

4. 平原微丘区四等水准测量容许闭合差计算公式为_____或_____。

5. 三、四等水准测量中,每测站前后视距差:三等水准测量为_____m,四等水准测量为_____m;前后视距累计差:三等水准测量为_____m,四等水准测量为_____m。

6. 用 DS$_3$ 水准仪进行三、四等水准测量时,同尺主辅面读数较差:三等水准测量为_____mm,四等水准测量为_____mm。

7. 用 DS$_3$ 水准仪进行三、四等水准测量时,每测站主辅面高差之差:三等水准测量为_____mm,四等水准测量为_____mm。

8. 三、四等水准测量记录计算中,需要检核计算的项目有:_____、_____、_____、_____。

三、完成三、四等水准测量记录

根据实训内容,完成三、四等水准测量实训成果记录计算,见表3-3。

三、四等水准测量记录计算表 表3-3

测站编号	测点	后尺 上丝 / 下丝 / 后视距 / 视距差 d (m)	前尺 上丝 / 下丝 / 前视距 / 视距累积差 $\sum d$ (m)	方向及尺号	水准尺读数 (m) 黑面	水准尺读数 (m) 红面	黑+K-红 (m)	平均高差 (m)
		(1)	(4)	后	(3)	(8)	(14)	
		(2)	(5)	前	(6)	(7)	(13)	(18)
		(9)	(10)	后—前	(15)	(16)	(17)	
		(11)	(12)					
1				后				
				前				
				后—前				
2				后				
				前				
				后—前				
3				后				
				前				
				后—前				
4				后				
				前				
				后—前				

续上表

测站编号	测点	后尺 上丝 下丝 后视距 视距差 d (m)	前尺 上丝 下丝 前视距 视距累积差 $\sum d$ (m)	方向及尺号	水准尺读数 (m) 黑面	水准尺读数 (m) 红面	黑+K-红 (m)	平均高差 (m)
		(1)	(4)	后	(3)	(8)	(14)	
		(2)	(5)	前	(6)	(7)	(13)	(18)
		(9)	(10)	后—前	(15)	(16)	(17)	
		(11)	(12)					
5				后				
				前				
				后—前				
校核		$\sum[(3)+(8)]-\sum[(6)+(7)]=$ $\sum[(15)+(16)]=$ 总视距：$\sum[(9)+(10)]=$						

注：K 为尺常数，如 $K106=4.787$，$K107=4.687$。

四、实训总结(包括知识、技能、态度认识,100 字以上)

单项技能考核四 四等水准测量

一、考核内容

(1)用四等水准测量方法测出未知点高程的工作。
(2)完成该工作的记录和计算校核,并求出未知点的高程。
(3)读数时符合水准管气泡影像错动小于1mm。

已知水准点 A,高程为 $H_A = 70.159$m,试用四等水准测量方法测定待测点 B 的高程,路线总长约150m。

二、技术标准与考核要求

1. 技术标准

四等水准测量的成果整理应按规定,检验测段(两水准点之间的线路)往返测高差不符值(往、返测高差之差)。如果在容许范围以内,则测段高差取往、返测的平均值。

测段高差之差采用的技术标准:

$$f_{h允} = \pm 30\sqrt{L} \quad (f_h = |h_{往}| - |h_{返}|) \quad (\text{mm})$$

2. 考核要求

(1)设测量 A、B 两点间的路线长约150m,中间设1个转点,共设站2次。
(2)记录及计算完整、清洁、字体工整,无错误。
(3)观测顺序按"后—前—前—后"(黑黑红红)进行。
(4)每站前后视距差不超过5m,前后视距累计差不超过10m。
(5)红黑面读数差不大于3mm,红黑面高差之差不大于5mm。

三、考核时限与配分

准备时间:10分钟;考核时间:30分钟;配分:100分。

四、仪器、工具准备

各种仪器、工具(表3-4)使用之前均应检验校正,确保性能完好。

仪器、工具规格及数量　　　　　　　表3-4

序号	仪器名称	规　格	数　量	备　注
1	微倾水准仪	DS$_3$	1套	
2	配对(红黑面)水准尺	3m	2根	

五、考场准备

（1）操作场地应整洁无干扰。

（2）操作场地应通视良好，方便布线选点。

（3）考核用水准点和有关计算数据，考核前应由考核教师提前准备好并通知考生。

六、技能考核答题卷及数据处理（表3-5、表3-6）

考 核 答 题 卷　　　　　　　　　　　　　　　　表3-5

考生姓名：_____　班级：_____　所用时间：_____　得分：_____

测站编号	后尺		前尺		方向	标尺读数（mm）		K+黑－红（mm）	高差中数（m）
	下丝		下丝						
	上丝		上丝			黑（一次）	红（二次）		
	后距		前距						
	视距差 d(m)		Σd(m)						
	(1)		(5)		后	(3)	(8)	(14)	
	(2)		(6)		前	(4)	(7)	(13)	
	(9)		(10)		后－前	(15)	(16)	(17)	
	(11)		(12)				(18)		
1					后				
					前				
					后－前				
2					后				
					前				
					后－前				

内业数据处理表　　　　　　　　　　　　　　　　表3-6

测点	测段长（km）	实测高差（m）	平均值（m）	高程（m）
BM_A				
ZD				
BM_B				

七、技能考核评分表(表 3-7)

技能考核评分表　　　　　　　　　　表 3-7

考生姓名:＿＿＿＿　班级:＿＿＿＿　所用时间:＿＿＿＿　得分:＿＿＿＿

项　目	评　分　标　准	配分	得分
准备工作	测量仪器(水准仪、普通水准尺、记录计算表、笔)准备齐全,精度符合标准,测设完毕按规定整理仪器及现场等,否则每项扣 1 分	5	
安置仪器	安置仪器位置不稳定,高度不适中,前后视距不相等(视距差大于 5m),每次扣 2 分	5	
仪器整平	圆水准气泡不居中(水准气泡偏离黑圈),每次扣 1 分	6	
仪器整平	忘记精平,每次扣 1 分,扣完为止	6	
精度	操作不规范,步骤不正确或照准目标不准确,每次扣 2 分	8	
精度	闭合差允许值:$f_h = \pm 30\sqrt{L}$(mm),超出允许误差范围时,本题不得分	30	
记录计算	记录应规范清楚、无涂改,若有涂改,每处扣 1 分	5	
记录计算	计算错误扣 5 分,不累计扣分	5	
时间		30	
总分		100	

监考老师:　　　　　　　　　　日期:

注:时间考核项成绩满分为 30 分。以参加此模块考核的同学最先提交成果的为基准,时间计为 T_1,成绩计为 30 分;完成时间最晚的一组,时间计为 T_2,成绩计为 $30 \times 60\%$;其余同学成绩 s_i(时间计为 T_i)按下列公式计算:$s_i = \left(1 - \dfrac{T_i - T_1}{T_2 - T_1} \times 40\%\right) \times 30$。

实训任务四　水准仪的检验与校正

一、训前思考

(1)工程应用中使用水准仪,在什么情况下需进行检验?
(2)针对仪器本身,影响水准测量精度的主要原因是什么?

二、目的和要求

(1)微倾式水准仪各轴线应满足的条件对测量的影响。
(2)水准仪检验和校正的方法。
(3)要求校正后,i 角值不超过 20″,其他条件校正到无明显偏差为止。

三、仪器和工具

DS_3 水准仪 1 台,水准尺 2 根。

四、方法与步骤

1. 检验

将仪器置于三脚架上,然后踩紧三脚架,转动脚螺旋,使圆水准器气泡居中,如图 4-1a)所示。将仪器绕竖轴旋转 180°,如果气泡仍居中,则条件满足;如果气泡偏出分划圈[图 4-1b)],则需要校正。先转动脚螺旋,使气泡移动偏歪值的一半[图 4-1c)],然后稍旋松圆水准器底部中央固定螺钉,用校正针拨动圆水准器校正螺钉,使气泡居中[图 4-1b)]。如此反复检校,直到圆水准器转到任何位置时,气泡都在分划圈内为止。最后旋紧固定螺钉。

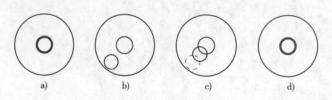

图 4-1　圆水准器的检验和校正

2. 十字丝中丝垂直于仪器竖轴的检验与校正

(1)检验

严格置平水准仪,用十字丝交点瞄准一明显的点状目标 M,旋紧水平制动螺旋,转动水平微动螺旋。如果该点始终在中丝上移动,说明此条件满足;如果该点离开中丝,则需校正。

(2)校正

卸下目镜处外罩,松开四个固定螺钉,稍微转动十字丝环,使目标点 M 与中丝重合。反复检验与校正,直到满足条件为止。再旋紧四个固定螺钉。

3. 水准管轴平行于视准轴的检验与校正

(1)检验

如图 4-2 所示,在地面上选择 A、B 两点,其长度为 60~80m。在 A、B 两点放置尺垫,先将水准仪置于 AB 的中点 C,读立于 A、B 尺垫上的水准尺,得读数为 a_1 和 b_1,则高差 $h_1 = a_1 - b_1$,改变仪器高度,又读得 a_1' 和 b_1',得高差 $h_1' = a_1' - b_1'$。若 $h_1 - h_1' \leq \pm 3mm$,则取两次高差的平均值,作为正确高差 h_{ab}。

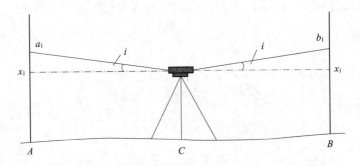

图 4-2 视准轴检验示意图(一)

然后将仪器搬至 B 点附近(距 B 点 2~3m),如图 4-3 所示,瞄准 B 点水准尺,精平后读取 B 点水准尺读数 b_2',再根据 A、B 两点间的高差 h_{ab},可计算出 A 点水准尺视线水平时的读数 $a_2' = b_2' + h_{ab}$。瞄准 A 点上的水准尺,精平后读取 A 点上水准尺读数 a_2,根据 a_2' 与 a_2 的差值,计算 i 角值。

$$i = \frac{a_2 - a_2'}{D_{AB}} \rho$$

式中:ρ——弧秒值,$\rho = 206265''$。

如果 i 角值 $< \pm 20''$,说明此条件满足;如果 i 角值 $\geq \pm 20''$,则需校正。

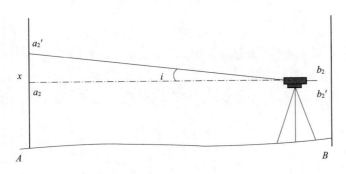

图 4-3 视准轴检验示意图(二)

(2)校正

转动微倾螺旋,使中丝对准 a_2',此时水准管气泡必然不居中,用校正针先稍微松左、右校正螺钉,再拨动上、下校正螺钉,使水准管气泡居中。重复检查,直到 i 角值 $< \pm 20''$ 为止。最后旋紧校正螺钉。

五、注意事项

(1)检校水准仪时,必须按上述的规定顺序进行,不能颠倒。

(2)拨动校正螺钉时,一律要先松后紧,松一下紧一个,用力不宜过大。校正完毕时,校正螺钉不能松动,应处于稍紧状态。

六、实训问答

(1)水准仪提供水平视线的充要条件是什么?

(2)水准测量时,水准管气泡已严格居中,视线一定水平吗?为什么?

(3)水准仪检验校正时,若将水准仪搬向 A 尺,计算 B 尺正确读数的公式是什么?

七、上交资料

每人上交一份水准仪检验校正记录表的实训报告。

实训报告四　水准仪的检验与校正

班级		指导教师	
日期		天气		组别	
姓名		学号		仪器编号	

完成实训记录表(表4-1~表4-4)的填写。

水准仪检验校正记录表

日　　期:＿＿＿＿＿　天气:＿＿＿＿＿　班　级:＿＿＿＿＿　小组:＿＿＿＿＿

仪器型号:＿＿＿＿＿　地点:＿＿＿＿＿　检验者:＿＿＿＿＿　记录:＿＿＿＿＿

一、一般性检验(表4-1)

表4-1

三脚架:＿＿＿＿＿＿＿＿＿＿＿＿＿＿＿＿＿＿＿＿＿＿＿＿＿＿＿＿＿＿＿＿＿＿

制动、微动螺旋:＿＿＿＿＿＿＿＿＿＿＿＿＿＿＿＿＿＿＿＿＿＿＿＿＿＿＿＿＿

对光螺旋:＿＿＿＿＿＿＿＿＿＿＿＿＿＿＿＿＿＿＿＿＿＿＿＿＿＿＿＿＿＿＿＿

脚螺旋:＿＿＿＿＿＿＿＿＿＿＿＿＿＿＿＿＿＿＿＿＿＿＿＿＿＿＿＿＿＿＿＿＿

望远镜成像:＿＿＿＿＿＿＿＿＿＿＿＿＿＿＿＿＿＿＿＿＿＿＿＿＿＿＿＿＿＿＿

目镜调焦螺旋:＿＿＿＿＿＿＿＿＿＿＿＿＿＿＿＿＿＿＿＿＿＿＿＿＿＿＿＿＿＿

水准尺:＿＿＿＿＿＿＿＿＿＿＿＿＿＿＿＿＿＿＿＿＿＿＿＿＿＿＿＿＿＿＿＿＿

二、圆水准器的检验与校正(表4-2)

表4-2

检验(旋转望远镜180°)次数	气泡偏离情况	处　理　结　果

三、十字丝的检验与校正(表 4-3)

表 4-3

检验次数	偏离情况	处理结果

四、视准轴平行于水准管轴的检验与校正(表 4-4)

表 4-4

仪器的位置	项目	第 一 次	第 二 次
在 A、B 两点中间位置测高差	后视 A 尺读数 a_i， 前视 B 尺读数 b_i， A、B 两点高差:$h_{AB}=a_i-b_i$， A、B 两点高差均值:$\bar{h}_{AB}$	$a_1=$ $b_1=$ $h'_{AB}=$	$a_2=$ $b_2=$ $h''_{AB}=$
		\multicolumn{2}{c}{$\bar{h}_{AB}=(h'_{AB}+h''_{AB})/2=$}
在离 B 点 3m 处测高差 (D_{AB} 为 AB 两点距离)	B 点尺上读数 b_2， A 点尺上应有读数 a_2， A 点尺上实际读数 a'_2， 误差 Δ， 两轴不平行误差 i	$b_2=$ $a_2=b_2+\bar{h}_{AB}$ $a'_2=$ $\Delta=a'_2-a_2$ $i=\dfrac{\Delta\cdot\rho}{D_{AB}\pm 3}(\rho=206265'')$	

本次课是否完成表中任务(是/否)　　指导教师:＿＿＿＿＿＿

单项技能考核五　水准仪的检验

一、考核内容:水准仪水准管的检验

选定相距80m、有一定高差的A、B两点,检验水准仪的水准管轴是否平行于视准轴。

二、技术标准与考核要求

1. 技术标准

i值是否大于20″作为判定是否须校正的标准。

2. 考核要求

(1)在指定的地点进行考核。

(2)1人为主要操作考核,2人辅助。

(3)操作要规范,记录、计算清晰准确,操作步骤正确,指挥准确恰当,思路清晰。

(4)由考核教师选定水准点H_A、H_B。

(5)考核过程中任何人不得提示,各人应独立完成仪器操作、记录、计算及校核工作。

(6)主考人有权随时检查是否符合操作规程及技术要求,但应相应折减所影响的时间。

(7)若有作弊行为,一经发现一律按零分处理,不得参加补考。

(8)考核前考生应准备好钢笔或圆珠笔、计算器。

(9)考核时间自架立仪器开始,至递交记录表为止。

三、考核时限与配分

准备时间:10分钟;考核时间:20分钟;配分:100分。

四、仪器、工具准备

各种仪器、工具(表4-5)使用之前均应检验校正,确保性能完好。

仪器、工具规格及数量　　　　　　　　表4-5

序号	仪器名称	规　格	数　量	备　注
1	微倾水准仪	DS_3	1套	普通
2	普通水准尺	3m	2根	塔尺

五、考场准备

(1)操作场地应整洁无干扰,具有安全防火措施。

(2)操作场地长不小于500m,宽不小于50m,应通视良好,方便布线。

(3)考核用水准点和有关计算数据,考核前应由考核教师提前准备好并通知考生。

六、技能考核答题卷(表 4-6)

考 核 答 题 卷　　　　　　　　　　　　　　　表 4-6

考生姓名:_____　班级:_____　学号:_____　得分:_____

仪器位置		项　目	
高差测量	第一次仪器高	A 尺读数 a_1	
		B 尺读数 b_1	
		高差 h_1	
	第二次仪器高	A 尺读数 a'_1	
		B 尺读数 b'_1	
		高差 h'_1	
	两次高差较差 $h_1 - h'_1$		
	平均高差较差 $\bar{h} = \dfrac{h_1 + h'_1}{2}$		
在 a 点附近测高差 $D_{AB}=80m$		近尺读数 a_1	
		远尺读数 b'_2	
		远尺正确读数 b_2	
		倾角 $i = \dfrac{\Delta h}{D_{AB}} 206265('')$	
结论		(是否)需校正	

七、技能考核评分表(表 4-7)

技能考核评分表　　　　　　　　　　　　　　　表 4-7

考生姓名:_____　班级:_____　所用时间:_____　得分:_____

项　目	评分标准	配分	得分
准备工作	测量仪器(水准仪、水准尺、记录计算表、铅笔)准备齐全,精度符合标准,完成测设后按规定整理仪器和现场等,否则每项扣 1 分	5	
安置仪器	安置仪器不稳定、高度不适中、前后视距不相等(视距差大于 5m),每项扣 2 分	10	
仪器整平	圆水准气泡不居中(水准气泡偏离黑圈),扣 2 分	10	
	水准管不精平,每次扣 2 分	10	
	操作不规范、步骤不正确或照准目标不准确,每次扣 1 分	5	

续上表

项 目	评 分 标 准	配分	得分
精度	两次高差较差允许值:$h_1-h'_1 \leq 3mm$,超出允许误差范围时,该项不得分	20	
记录计算	记录应规范清楚、无涂改,不重复扣分	5	
	计算错误扣 5 分	5	
时间		30	
	总分	100	
监考老师:	日期:		

注:时间考核项成绩满分为 30 分。以参加此模块考核的同学最先提交成果的为基准,时间计为 T_1,成绩计为 30 分;完成时间最晚的一组,时间计为 T_2,成绩计为 $30 \times 60\%$;其余同学成绩 s_i(时间计为 T_i)按下列公式计算:$s_i = \left(1 - \frac{T_i - T_1}{T_2 - T_1} \times 40\%\right) \times 30$。

实训任务五 施工抄平和高程放样

一、训前思考

(1) 公路工程施工抄平和高程测量在测量方法上有什么不同之处?
(2) 公路工程施工抄平的准备工作有哪些?
(3) 公路工程施工抄平的精度有什么要求?

二、目的和要求

公路工程施工抄平的主要目的是利用测量技术将设计图纸上的工程构造物的高程在实地标定出来,作为施工的依据。公路工程施工抄平的依据是《工程测量规范》(GB 50026—2007)和设计图纸。

施工抄平工作应遵循从整体到局部的原则,先进行控制测量,再进行细部抄平。通过控制测量,建立起高程控制点与工程构造物特征点之间高程的几何联系。在放样过程中,工程设计图纸是图解控制点和工程构造物特征点之间几何关系的依据,现行的施工技术规范、规程,以及测量规范是核查放样结果精度的依据。

三、仪器和工具

DS_3 水准仪 1 台,水准尺 2 根,钢尺 1 把,红油漆、记号笔、铅笔等。

四、方法与步骤

已知高程的放样是根据施工现场已有的水准点,用水准测量或三角高程测量的方法,将设计的高程测设到地面上,即根据一个已知高程的点,来测设另一个点的高程,使其高差为所指定的数值。

1. 水准测量法

如图 5-1 所示,A 为已知水准点,其高程为 H_A,B 为待测设高程点,其设计高程为 H_B。

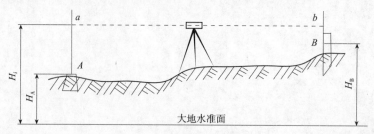

图 5-1 施工抄平水准测量示意图

将水准仪安置在 A 点和 B 点之间，后视 A 点水准尺的读数为 a，则 B 点的前视读数 b 应为视线高减去设计高程 H_B，即 $b=(H_A+a)-H_B$。

测设时，将 B 点水准尺贴靠在木桩的一侧，上、下移动尺子直至前视尺的读数为 b，再沿尺子底面在木桩侧面画一刻线，此线即为 B 点的设计高程的位置。

施工抄平水准测量记录表见表 5-1。

施工抄平水准测量记录表   表 5-1

承包单位：		合同号：						第 页 共 页	
监理单位：		编 号：							
工程名称				桩号			BM：	高程	
桩号	后视	视线高	转点	前视	实测高程	设计高程	差值	备注	
K0+000						100.00			
K0+020						100.35			
K0+040						100.65			
K0+060						100.67			
K0+080						100.42			
K0+100						100.30			
K0+120						100.28			
K0+140						100.15			
示意图：									

测量：　　　　记录：　　　　计算：　　　　复核：　　　　日期：

2. 全站仪高程放样

(1) 将仪器安置于测站点，进入放样模式、按回车键，调取文件、按回车键。

(2) 测站设置，输入测站坐标（X、Y、H）及仪器高 i，按回车键，坐标测量（跟踪测量）。

(3) 放样，输入放样点坐标（X'、Y'、H'），按回车键，ESC、测量。

(4) 照准部照准棱镜中心，水平制动，升降棱镜，转动竖直微动螺旋，追踪棱镜中心。

(5) 当屏幕刚好显示出待放点高程时，停止升降棱镜，棱镜底端位置即为放样高程面。

上述两种测量方法选择其一，完成抄平任务。放样水准点由指导教师根据具体实习地点指定。

五、注意事项

(1) 水准尺零点位置即为高程测设位置，紧靠木桩在零点划线。

(2) 高程往上传递时，若高差小于 5m，可以考虑倒立水准尺方法进行。

六、实训问答

(1)高层建筑如何进行高程传递?
(2)深基坑如何进行高程传递?

七、上交资料

每人上交一份施工抄平记录表的实训报告。

实训报告五 施工抄平和高程放样

班级		指导教师	
日期		天气		组别	
姓名		学号		仪器编号	

一、水准仪高程放样

1. 描述水准仪高程抄平的过程

2. 抄平成果记录表（表 5-2）

施工抄平水准测量记录表　　　　　　　　　　　表 5-2

承包单位：　　　　　　合同号：　　　　　　　　　　第 页 共 页
监理单位：　　　　　　编　号：

工程名称				桩号			BM：	高程
桩号	后视	视线高	转点	前视	实测高程	设计高程	差值	备注
K0+000						100.00		
K0+020						100.35		
K0+040						100.65		
K0+060						100.67		
K0+080						100.42		
K0+100						100.30		
K0+120						100.28		
K0+140						100.15		

示意图：

测量：　　　　　记录：　　　　　计算：　　　　　复核：　　　　　日期：

二、全站仪高程放样

1. 描述全站仪高程抄平的过程

2. 抄平成果记录表（表5-3）

全站仪放样记录表

表5-3

工程名称（工程部位）：		合同号：		第 页 共 页	
测站点： X= Y= H=		仪器高：			
后视点： X= Y=		后视方位角：			

里程（点号）	X	Y	实测高程	设计高程	高差	备注
K0+000				100.00		
K0+020				100.35		
K0+040				100.65		
K0+060				100.67		
K0+080				100.42		
K0+100				100.30		
K0+120				100.28		
K0+140				100.15		

测量： 记录： 计算： 复核： 日期：

单项技能考核六　施工抄平

一、考核内容

（1）用普通水准测量方法放样出三个设计给定高程的点。
（2）完成该工作的记录和计算，并实地标定所测设的点。
（3）读数使用自动安平水准仪时，要求补偿指标线不脱离小三角形。

二、技术标准与考核要求

1. 技术标准
所标定点的高程与其设计高程之差不超过±5mm。

2. 考核要求
（1）严格按操作规程作业；设计高程点用红油漆制三角形表示，字体清洁、工整，所标定的点位应正确、清晰；计算正确。
（2）考核过程中任何人不得提示，各人应独立完成仪器操作、记录、计算及校核工作。
（3）主考人有权随时检查是否符合操作规程及技术要求，但应相应折减所影响的时间。
（4）若有作弊行为，一经发现一律按零分处理，不得参加补考。
（5）考核前考生应准备好钢笔或圆珠笔、计算器，考核者应提前找好扶尺人。
（6）考核时间自架立仪器开始，至递交记录表为止。
（7）考核仪器水准仪为自动安平水准仪（精度与DS_3型相当）或DS_3。

三、考核时限与配分

准备时间：10分钟；考核时间：30分钟；配分：100分。

四、仪器、工具准备

各种仪器、工具（表5-4）使用之前均应检验校正，确保性能完好。

仪器、工具规格及数量　　　　　　　　　表5-4

序号	仪器名称	规　格	数　量	备　注
1	微倾水准仪	DS_3或自动安平水准仪	1套	普通
2	普通水准尺	3m	2根	塔尺
3	记录表格、文件夹		1套	

五、考场准备

(1)操作场地应整洁无干扰,具有安全防火措施。
(2)操作场地应通视良好。
(3)考核用控制点,考核前应由考核教师准备好。

六、高程控制点及测设高程点(表5-5)

表 5-5

控制点	BM$_A$	高程
设计点	J$_1$	
	J$_2$	
	J$_3$	

七、技能考核答题卷(表5-6)

考 核 答 题 卷　　　　　表5-6

考生姓名:_____　班级:_____　学号:_____　得分:_____

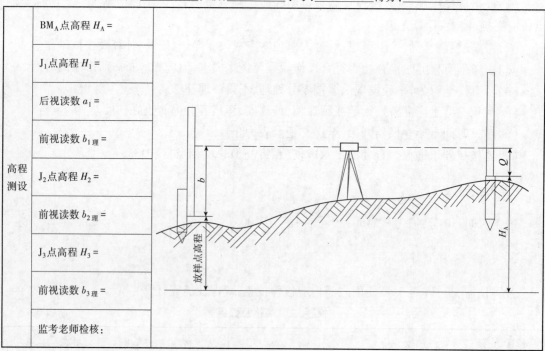

高程测设	BM$_A$点高程 H_A =
	J$_1$点高程 H_1 =
	后视读数 a_1 =
	前视读数 $b_{1理}$ =
	J$_2$点高程 H_2 =
	前视读数 $b_{2理}$ =
	J$_3$点高程 H_3 =
	前视读数 $b_{3理}$ =
	监考老师检核:

注:时间考核项成绩满分为30分。以参加此模块考核的同学最先提交成果的为基准,时间计为 T_1,成绩计为30分;完成时间最晚的一组,时间计为 T_2,成绩计为 $30 \times 60\%$;其余同学成绩 s_i(时间计为 T_i)按下列公式计算: $s_i = \left(1 - \frac{T_i - T_1}{T_2 - T_1} \times 40\%\right) \times 30$。

八、技能考核评分表(表5-7)

技能考核评分表　　　　　　　　　　　　　表5-7

考生姓名：_____　班级：_____　所用时间：_____　得分：_____

项　目	评　分　标　准	配分	得分
准备工作	测量仪器(水准仪、普通水准尺、记录计算表、笔)，准备齐全、精度符合标准，测设完毕按规定整理仪器与现场等，否则每项扣0.5分	5	
安置仪器	安置仪器位置不稳定，高度不适中，前后视距不相等(视距差大于5m)，以上出现任一项扣5分，不累计扣分	5	
仪器整平	圆水准气泡不居中，水准气泡与整平圆相交扣2分，偏出扣4分	4	
	忘记精平，每次扣1分	6	
	操作不规范、步骤不正确或照准目标不准确，每次扣1分	5	
精度	三次测设精度全分为30分，超出允许误差范围时，本项不得分，小于允许误差本项得满分	30	
记录计算	记录应规范清楚、无涂改，若有涂改，每处扣1分；计算错误扣5分	5	
时间		40	
总分		100	

监考老师：_____　　　　　　　　日期：_____

注意：本项目相对简单，时间考核占较大权重，12分钟以内每少1分钟加2分，其他每少1分钟加2分，本项考核时间超过36分钟的不计成绩。表5-8中 M 为分数，T 为时间(分钟)。

表5-8

考 核 项 目	评分标准(以时间 T 为评分主要依据)			
	$M \geqslant 36$	$30 \leqslant M < 36$	$24 < M \leqslant 30$	$M < 24$
用水准仪测设高程点	$T \leqslant 12$	$12 < T \leqslant 20$	$20 < T \leqslant 30$	$T > 30$

实训任务六　经纬仪的认识与操作

一、训前思考

（1）水准仪与经纬仪的技术操作有何异同？
（2）经纬仪瞄准同一个竖直面内不同高度的点时，水平度盘上的读数是否相同？
（3）瞄准同一个水平面上不同位置的点时，竖直度盘上的读数是否相同？
（4）望远镜转动时，不松制动螺旋有何害处？

二、目的和要求

规范使用经纬仪，做到懂原理，规范操作。

三、仪器和工具

经纬仪1台，花杆2支，铅笔若干。

四、方法与步骤

经纬仪的基本操作分为：仪器的架设、对光、瞄准、精平及读数。其中，仪器的架设可分为对中和整平。

（一）对中

1. 对中的目的

使经纬仪中心点与测站的标志点处于同一铅垂线上。

2. 对中的方法

（1）铅垂对中：
①将三脚架安置在测站的周围，使其高度适合观测者的身高，使三脚架顶面基本水平，三脚架顶面中心对准观测点。
②在三脚架的连接螺栓上挂上小球，使小球初步对准测站点，然后将三脚架的各支脚均衡地依次踩入泥土中。
③用三脚架与经纬仪的连接螺栓固定。
（2）利用光学设备对中：
①将三脚架大致均匀地架设在测站点的周围，三脚架大致互成120°角，使三脚架顶面大致水平。
②旋转光学对中器目镜的对光旋钮，使地面标志点影像清晰。如果标志点的影像没在光学对中器的圆圈内，应轻轻抬起任意两根脚架，使标志点的影像移到光学对中器的圆圈内。

③用连接螺栓连接经纬仪,调整经纬仪任意两根脚架的高度,使圆水准管的气泡居中。

(二)整平

1. 整平的目的

是将水平度盘置于水平位置。

2. 整平的方法

(1)用连接螺栓连接经纬仪,调整经纬仪任意两根脚架的高度,使圆水准管的气泡居中。

(2)使水准管平行于任意两个整平螺栓,调整两个整平螺栓使气泡居中。

(3)将经纬仪转动90°,使水准管垂直于前两个整平螺栓的连线,调整第三个整平螺栓,使气泡居中。

(三)瞄准

用望远镜的十字丝交点瞄准观测目标。

(四)对光

(1)目镜对光:将望远镜对向天空或某一明亮的物体,转动目镜使十字丝最清晰。

(2)物镜对光:将望远镜对准目标,转动调焦螺栓使目标的影像落在十字丝的平面上,从目镜中就可以清晰地看到十字丝和目标。

(五)读数

望远镜照准目标后,读取度盘读数。

五、注意事项

(1)在仪器出箱前要记清仪器原来是怎样装箱的,用后按原样装回箱内。

(2)仪器出箱时要用手托轴承或度盘,不能用手提望远镜。

(3)三脚架支稳后,安上仪器,并立即拧紧三脚架与仪器的连接螺栓。

(4)仪器的各个制动螺钉不能拧得太紧或太松,应该松紧适度。

(5)转动仪器时,应手扶支架或度盘,平稳转动,不得用手持望远镜左右旋转。

六、实训问答

(1)从读数窗观察到的测微器类型是_____,其最小分划值为_____,可估读至_____。

(2)简述使水平读盘读数配置为00°00′30″的操作步骤。

七、上交资料

每人上交一份含有合格观测记录的实训报告。

实训报告六　经纬仪的认识与操作

班级		指导教师	
日期		天气		组别	
姓名		学号		仪器编号	

一、完成图 6-1 中 DJ_6 经纬仪各部件名称的填写

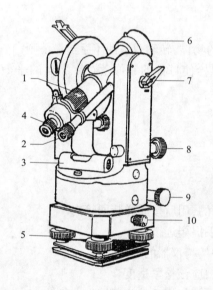 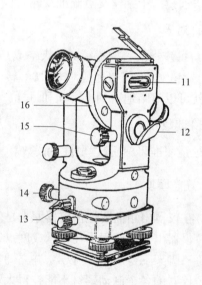

图 6-1

1. _____;2. _____;3. _____;4. _____;
5. _____;6. _____;7. _____;8. _____;
9. _____;10. _____;11. _____;12. _____;
13. _____;14. _____;15. _____;16. _____。

二、经纬仪的认识填空

1. 经纬仪由_____、_____和_____三大部分组成。
2. 经纬仪的主要几何轴线有_____、_____、_____、_____。
3. 根据水平角的测角原理,经纬仪的视准轴应与_____相垂直。
4. DJ_6 从读数窗中观察到的分微尺的最小格值为_____,可估读至_____。
5. 经纬仪竖盘指标差为零,当望远镜视线水平,竖盘指标水准管气泡居中时,竖盘读数应为_____或_____。

三、经纬仪的操作填空

1. 光学经纬仪的技术操作步骤包括_____、_____、_____和_____。
2. 经纬仪安置过程中,对中的目的是使仪器_____与_____点位于同一铅垂线上。
3. 经纬仪利用光学对中器对中时,首先调节光学对中器至成像清晰,然后再观察光学对中器同时,移动_____,使_____对准_____。
4. 经纬仪安置过程中,整平的目的是_____。
5. 经纬仪整平过程中,粗平是通过调节三脚架_____,使圆水准气泡居中。精平的步骤是转动照准部,使照准部_____与任意两个脚螺旋的连线_____,两手以相反方向旋转两脚螺旋,气泡移动方向与_____转动方向一致,使_____居中;然后,将照准部水平旋转_____,转动另一个脚螺旋,使_____居中。以上操作要反复进行,直到照准部水平旋转至任意位置,_____均居中为止。
6. 经纬仪照准操作的目的是使要照准的_____在望远镜中的影像与_____重合。
7. 经纬仪照准操作,先利用_____大致瞄准目标,然后拧紧_____和_____,调节目镜,看清_____,并转动物镜的_____,看到目标成像清晰,注意消除_____,最后利用_____和_____,使十字丝的交点与目标点重合,即照准目标。
8. 经纬仪操作读数的目的是_____。读数时,先将_____张开成适当的角度,调节镜面朝向光源,照亮_____。调节读数显微镜的_____,使度盘和测微尺影像_____,然后,按测微装置类型和一定读数方法读取度盘的读数。

四、DJ$_6$ 光学经纬仪读数练习

如图 6-2 所示,a)图水平盘读数为_____,竖直盘读数为_____;b)图水平盘读数为_____,竖直盘读数为_____。

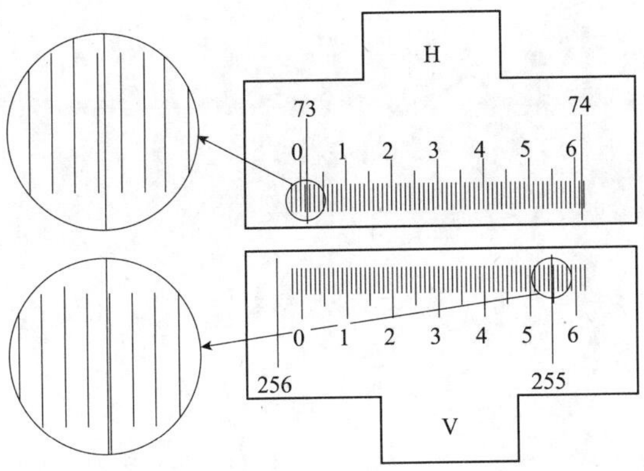

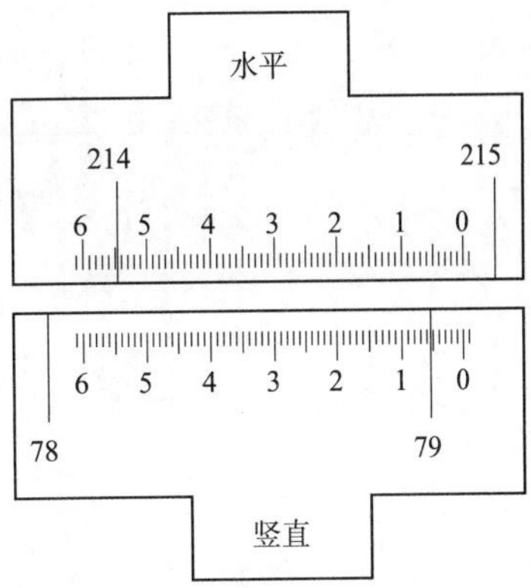

图 6-2

五、结合实训过程，填写表6-1

表6-1

1. 根据经纬仪的实物和自己的操作过程,简述下列各部件的作用	
目镜螺旋：	对光螺旋：
粗瞄器：	轴座固定螺旋：
脚螺旋：	光学对中器：
竖盘指标自动归零开关：	
竖盘指标水准管微动螺旋：	
望远镜制动与微动螺旋：	
水平制动与微动螺旋：	
水平度盘拨盘手轮或复测扳钮：	
反光镜：	读数显微镜：
管水准器：	
测微轮：	

2. 观测练习与记录

测站	竖盘位置	目标	水平度盘读数	测站	竖盘位置	目标	水平度盘读数
A	左			B	左		
	右				右		

六、实训总结(知识、技能、态度认识,100字以上)

实训任务七　测回法观测水平角

一、目的和要求

（1）掌握测回法测量水平角的操作方法，会记录和计算。
（2）每位同学对同一角度观测一测回，上、下半测回角值之差不超过±40″。

二、仪器和工具

DJ_6 经纬仪 1 台，测钎 2 只。

三、方法与步骤

（1）在地面上选择四点组成四边形，每位同学测量一个角度。
（2）在测站点安置经纬仪，对中、整平。
（3）盘左位置，瞄准左手方向的目标，配置度盘，并读取水平度盘读数，记入观测手簿；然后松开照准部制动螺旋，顺时针转动照准部，瞄准右手目标，读取水平度盘读数，记入观测手簿。
（4）盘右位置，松开照准部和望远镜制动螺旋，纵向转动望远镜成盘右位置，瞄准右手方向的目标，读取水平度盘读数，记入观测手簿；然后松开照准部制动螺旋，逆时针转动照准部，瞄准左手方向的目标，读取水平度盘读数，记入观测手簿。
（5）第二测回：盘左位置—瞄准左边目标—配置度盘—（顺时针）瞄准右边目标；盘右位置—瞄准右边目标—配置度盘—（逆时针）瞄准左边目标。

四、注意事项

（1）目标不能瞄错，并尽量瞄准目标下端。
（2）立即计算角值，如果超限，应重测。

五、实训问答

（1）如何配置度盘？有何意义？
（2）经纬仪有没有视差？如何判断？怎样消除？

六、上交资料

每人上交一份含有合格观测记录（表7-1）的实训报告。

测回法水平角观测表

表 7-1

测站	盘位	目标	水平度盘读数 (° ′ ″)	半测回角值 (° ′ ″)	一测回角值 (° ′ ″)	备注 (测角示意图)

实训报告七　水平角、竖直角测量

班级		指导教师	
日期		天气	组别	
姓名		学号	仪器编号	

一、角度测量知识填空

1. 水平角是指从空间一点出发的两个方向在_____上的投影所夹的角度；水平角也是两个方向线所在竖直面的_____。
2. 竖直角是指某一方向与其在同一铅垂面内的_____所夹的角度，即方向线与_____的夹角。
3. 水平角的取值范围是_____。
4. 倾斜视线在水平线上方的竖直角，称为_____，用正号"_____"表示；反之称为_____，用负号"_____"表示。竖直角的取值范围是_____。
5. 经纬仪的竖直度盘在望远镜瞄准视线左侧的位置，称为_____；竖直度盘在瞄准视线右侧的位置，称为_____。
6. 通常称盘左位置观测为_____半测回，盘右观测为_____半测回，两个半测回构成一个测回，称为_____。
7. 测回法水平角测量，上、下两个半测回所得角值之差，应满足有关测量规范规定的限差，对于 DJ_6 级经纬仪，限差一般为_____。
8. 经纬仪竖直度盘注记形式有_____和_____两种。望远镜视线水平时，竖直度盘读数应为(盘左)_____或(盘右)_____，此读数也称始读数。因此，测量竖直角时，只要测出视线倾斜时的读数，即可求得竖直角。
9. DJ_6 级经纬仪竖盘指标差的变动范围应不超过_____。

二、测回法水平角的观测程序填空

1. 测回法是指当观测方向不多于_____个时，以_____和_____分别观测各方向之间的水平角的观测方法。
2. 测回法水平角的观测程序。
如图 7-1 所示，要观测水平角为 $\angle ABC$，具体观测方法如下：
(1) 首先在测站点_____上安置仪器，对中、整平。
(2) 用_____位置照准目标_____，读取读数，或将水平盘读数置为 0°00′00″ 或略大于 0°，记入观测手簿。
(3) _____转动照准部，照准目标_____，读取读数并记入手簿。计算上半测回角值：$\beta_左$ = _____。

(4) 将仪器转至_____位置，照准目标_____，读取读数，记入手簿。

(5) _____转动照准部，照准目标_____，读取读数，记入手簿。计算下半测回角值：$\beta_右$ = _____。

对于 DJ_6 光学经纬仪，上、下半测回值相差不超过_____时，取_____作为一测回的观测结果，否则应重测。

图 7-1

3. 在实际观测中，当精度要求较高时，为减小度盘_____的影响，往往需要观测多个测回，那么在每测回的起始方向的读数应按_____递增。例如 $n = 3$ 时，各测回的起始读数应等于或略大于_____、_____、_____。

三、根据实训内容，填写水平角观测记录计算表（表 7-2）

测回法水平角观测手簿　　　　　　　　　　　　　　　　表 7-2

测站	盘位	目标	水平度盘读数 （° ′ ″）	半测回角值 （° ′ ″）	一测回角值 （° ′ ″）	备注 （测角示意图）

测量：　　　　　记录：　　　　　计算：　　　　　复核：　　　　　日期：

四、测回法竖直角的观测程序填空

在某指定点安置经纬仪，盘左位置使望远镜视线大致水平，观察竖盘读数，然后将望远镜物镜端抬高,观察竖盘读数的变化,借此辨别竖直度盘的注记形式和确定竖直角的计算公式。

(1)当望远镜物镜端抬高时,竖盘读数逐渐增大,则此竖直度盘注记形式为_____刻划形式。则竖直角计算公式为:

$\alpha_{左} =$
$\alpha_{右} =$
竖直角 $\alpha =$
竖盘指标差 $X =$

(2)当望远镜物镜端抬高时,竖盘读数逐渐减小,则此竖直度盘注记形式为_____刻划形式。则竖直角计算公式为:

$\alpha_{左} =$
$\alpha_{右} =$
竖直角 $\alpha =$
竖盘指标差 $X =$

五、根据实训内容,填写竖直角观测记录计算表(表 7-3)

测回法竖直角观测手簿 表 7-3

测站	目标	盘位	竖盘读数 (° ′ ″)	半测回竖直角 (° ′ ″)	指标差 (″)	竖直角 (° ′ ″)	备 注 (竖盘注记形式 示意图)

六、实训总结(包括知识、技能、态度认识,100 字以上)

单项技能考核七 水平角测量

一、考核内容:水平角测量

测回法观测一个水平夹角,两个测回。

二、技术标准与考核要求

1. 技术标准

采用的技术标准:$\Delta_{\beta容} \leqslant \pm 40''$。

2. 考核要求

(1)在指定的地点进行考核。

(2)1 人为主要操作考核。

(3)操作要规范,记录、计算清晰准确,操作步骤正确,指挥准确恰当,思路清晰。

(4)由考核教师选定测站点,提供 2 个目标点。

三、考核时限与配分

准备时间:10 分钟;考核时间:30 分钟;配分:100 分。

四、仪器、工具准备

各种仪器、工具(表 7-4)使用之前均应检验校正,确保性能完好。

仪器、工具规格及数量 表 7-4

序号	仪器名称	规格	数量	备注
1	经纬仪	DJ_6 经纬仪	1 套	
2	花杆		2 根	

五、考场准备

(1)操作场地应整洁无干扰,具有安全防火措施。

(2)操作场地长不小于 500m,宽不小于 50m,应通视良好,方便布线。

(3)考核用测站点、目标点,考核前应由考核教师提前准备好并在考核现场通知考生。

六、技能考核答题卷(表7-5)

考 核 答 题 卷　　　　　　　　　　　　　表7-5

考生姓名:_____　班级:_____　所用时间:_____　得分:_____

测站	盘位	目标	水平度盘读数	水平角		备注
				半测回值	测回值	
1	左					
	右					
2	左					
	右					

$\Delta_\beta = \beta_左 - \beta_右 =$

$f_{\beta容} = \pm 40''$

f_β _____ $f_{\beta容}$,精度是否满足?

问题:如何配置度盘? 有何意义?

七、技能考核评分表(表7-6)

技能考核评分表　　　　　　　　　　　　　表7-6

考生姓名:_____　班级:_____　所用时间:_____　得分:_____

项　目	评 分 标 准	配分	得分
安置	仪器高度适中,安置操作正确,开箱符合要求,仪器取出后关闭仪器箱	5	
对中	地面点在仪器中心,不与对中圆相交,不扣分;地面点与对中圆相交,但未超过地面点中心,每次扣8分;地面点与对中圆相交且超过地面点中心,本项不得分	10	
整平	气泡偏差不超过分划值半格,不扣分;气泡偏差不超过分划值1格,每次扣5分;气泡偏差超过分划值1格,本项不得分	10	
精度	$f_\beta \leq \pm 40''$,不扣分;f_β 在 $40'' \sim 1'$ 之间,扣15分;$f_\beta > 1'$,本题不得分	20	
测量方法	观测方法符合操作规范要求	20	
角度计算	记录应规范清楚,若计算不正确,每处扣5分,不累计扣分	5	
时间		30	
总分		100	

监考老师:_____　　　　　　　　日期:_____

注:时间考核项成绩满分为30分。以参加此模块考核的同学最先提交成果的为基准,时间计为 T_1,成绩计为30分;完成时间最晚的一组,时间计为 T_2,成绩计为 $30 \times 60\%$;其余同学成绩 s_i(时间计为 T_i)按下列公式计算:$s_i = \left(1 - \dfrac{T_i - T_1}{T_2 - T_1} \times 40\% \right) \times 30$。

单项技能考核八　竖直角测量

一、考核内容:竖直角测量

观测两个竖直角,包括一个仰角和一个俯角,各一个测回。

二、技术标准与考核要求

1. 技术标准
采用的技术标准:观测值与标准值之差<±40″。
2. 考核要求
(1)在指定的地点进行考核。
(2)1人为主要操作考核。
(3)操作要规范,记录、计算清晰准确,操作步骤正确,指挥准确恰当,思路清晰。
(4)由考核教师选定测站点,提供2个目标点(1个仰角、1个俯角)。

三、考核时限与配分

准备时间:10分钟;考核时间:30分钟;配分:100分。

四、仪器、工具准备

各种仪器、工具(表7-7)使用之前均应检验校正,确保性能完好。

仪器、工具规格及数量　　　　　　　　　　表7-7

序号	仪器名称	规　格	数　量	备　注
1	经纬仪	DJ_6经纬仪	1套	
2	花杆		2根	

五、考场准备

(1)操作场地应整洁无干扰,具有安全防火措施。
(2)操作场地应通视良好,方便布线。
(3)考核用测站点和有关计算数据,考核前应由考核教师提前准备好,在考核现场通知考生。

六、技能考核答题卷（表7-8）

考 核 答 题 卷　　　　　　　　　　表7-8

考生姓名：＿＿＿＿＿　班级：＿＿＿＿＿　所用时间：＿＿＿＿＿　得分：＿＿＿＿＿

测站	目标	盘位	竖盘读数	半测回竖直角	指标差	一测回竖直角	备注
1	M	左					竖盘注记形式
		右					
	N	左					
		右					

$\alpha = \frac{1}{2}(\alpha_L + \alpha_R)$　　$x = \frac{1}{2}(L+R-360°)$

附加问题：
如何判断竖盘注记形式及所对应的竖直角计算公式？
精度是否满足？

七、技能考核评分表（表7-9）

技能考核评分表　　　　　　　　　　表7-9

考生姓名：＿＿＿＿＿　班级：＿＿＿＿＿　所用时间：＿＿＿＿＿　得分：＿＿＿＿＿

项　目	评分标准	配分	得分
安置	仪器高度适中,安置操作正确,开箱符合要求,仪器取出后关闭仪器箱	5	
对中	地面点在仪器中心,不与对中圆相交,不扣分；地面点与对中圆相交,但未超过地面点中心,每次扣8分；地面点与对中圆相交且超过地面点中心,本项不得分	10	
整平	气泡偏差不超过分划值半格,不扣分；气泡偏差不超过分划值1格,每次扣5分；气泡偏差超过分划值1格,本项不得分	10	
精度	$f_\beta \leq \pm 40''$,不扣分；f_β 在 $40'' \sim 1'$ 之间,扣15分；$f_\beta > 1'$,本题不得分	20	
测量方法	观测方法符合操作规范要求	20	
角度计算	记录应规范清楚,若计算不正确,每处扣5分,不累计扣分	5	
时间		30	
总分		100	
监考老师：		日期：	

注：时间考核项成绩满分为30分。以参加此模块考核的同学最先提交成果的为基准,时间计为 T_1,成绩计为30分；完成时间最晚的一组,时间计为 T_2,成绩计为 $30 \times 60\%$；其余同学成绩 s_i（时间计为 T_i）按下列公式计算：$s_i = \left(1 - \frac{T_i - T_1}{T_2 - T_1} \times 40\%\right) \times 30$。

实训任务八 经纬仪的检验和校正

一、目的和要求

(1)了解经纬仪的主要轴线之间应满足的几何条件。
(2)掌握光学经纬仪检验校正的基本方法。

二、仪器和工具

DJ_6 经纬仪 1 台。

三、方法与步骤

(一)水准管轴垂直于仪器竖轴的检验与校正

1. 检验

初步整平仪器,转动照准部,使水准管平行于一对脚螺旋连线,转动这对脚螺旋,使气泡严格居中;然后将照准部旋转180°,如果气泡仍居中,则说明条件满足,如果气泡中点偏离水准管零点超过一格,则需要校正。

2. 校正

先转动脚螺旋,使气泡返回偏移值的一半,再用校正针拨动水准管校正螺钉,使水准管气泡居中。如此反复检校,直至水准管旋转至任何位置时,水准管气泡偏移值都在一格以内。

(二)十字丝竖丝垂直于横轴的检验与校正

1. 检验

用十字丝交点瞄准一清晰的点状目标 P,转动望远镜微动螺旋,使竖丝上、下移动,如果 P 点始终不离开竖丝,则说明该条件满足,否则需要校正。

2. 校正

旋下十字丝环护罩,用小螺丝旋具松开十字丝外环的 4 个固定螺钉,转动十字丝环,使望远镜上、下微动时,P 点始终在竖丝上移动,最后旋紧十字丝外环固定螺钉。

(三)视准轴垂直于横轴的检验和校正

1. 检验

在平坦地面上,选择相距约100m 的 A、B 两点,在 AB 连线中点 O 处安置经纬仪,如图 8-1 所示。在 A 点设置一瞄准标志,在 B 点横放一根刻有毫米分划的直尺,使直尺垂直于视线 OB,A 点的标志、B 点横放的直尺应与仪器大致同高。用盘左位置瞄准 A 点,制动照准部,然后纵转望远镜,在 B 点尺上读得 B_1;用盘右位置再瞄准 A 点,制动照准部,然后纵转望远镜,再在 B 点尺上读得 B_2。如果 B_1 与 B_2 两读数相同,说明条件满足。否则,按下式计算 c:

$$c = \frac{B_1 B_2}{4D} \rho$$

如果 $c>60''$,则需要校正。

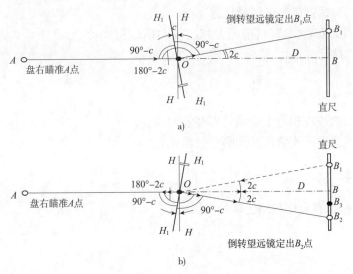

图 8-1 视准轴垂直于横轴的检验及校正示意图

2. 校正

校正时,在直尺上定出一点 B_3,使 $B_2 B_3 = B_1 B_2 / 4$,OB_2 便与横轴垂直。打开望远镜目镜端护盖,用校正针先松十字丝上、下的十字丝校正螺钉,再拨动左、右两个十字丝校正螺钉,一松一紧,左右移动十字丝分划板,直至十字丝交点对准 B_3。此项检验与校正也需反复进行。

(四)横轴垂直于仪器竖轴的检验

在离墙面约 30m 处安置经纬仪,盘左瞄准墙上高处一目标 P(仰横轴垂直于仪器竖轴的检验角约 30°),放平望远镜,在墙面上定出 A 点。

盘右再瞄准 P 点,放平望远镜,在墙面上定出 B 点。如果 A、B 重合,则说明条件满足;如果 A、B 相距大于 5mm,则需要校正。

由于横轴校正设备密封在仪器内部,该项校正应由仪器维修人员进行。

(五)指标差的检验与校正

1. 检验

整平经纬仪,盘左、盘右观测同一目标点 P,转动竖盘指标水准管微动螺旋,使竖盘指标水准管气泡居中,读记竖盘读数 L 和 R,按下式计算竖盘指标差:

$$x = \frac{1}{2}(L + R - 360°)$$

当竖盘指标差 $x > 1'$ 时,则需校正。

2. 校正

仍以盘右瞄准原目标 P,转动竖盘指标水准管微动螺旋,使竖直度盘读数为 $R-x$,此时竖盘指标水准管气泡必然偏离,用校正针拨动竖盘指标水准管一端的校正螺钉,使气泡居中。反复检查,直至指标差 x 不超过 $1'$ 为止。

四、注意事项

(1)按实训步骤进行各项检验校正,顺序不能颠倒,检验数据正确无疑后才能进行校正。校正结束时,各校正螺钉应处于稍紧状态。

(2)选择仪器的安置位置时,应顾及视准轴和横轴两项检验,既能看到远处水平目标,又能看到墙上高处目标。

五、实训问答

(1)经纬仪的轴线在理论上应满足哪些几何条件?
(2)正倒镜观测取平均值能消除哪些仪器误差?

六、上交资料

每人上交一份含有合格观测记录的实训报告。

实训报告八　经纬仪的检验和校正

班级		指导教师	
日期		天气		组别	
姓名		学号		仪器编号	

经纬仪检验校正记录表

日　　期：_____　天气：_____　班　级：_____　小组：_____

仪器型号：_____　地点：_____　检验者：_____　记录：_____

结合实训过程，填写表 8-1。

表 8-1

1. 仪器视检	三脚架是否平稳		基座脚螺旋			
	水平制动与微动螺旋		望远镜成像			
	望远镜制动与微动螺旋		其他			
2. 管水准器轴垂直于竖轴	检验次数	1	2	3	4	5
	气泡偏离格数					
3. 十字丝竖丝垂直于横轴	检验次数		误差是否显著			
	1					
	2					
4. 视准轴是否垂直于横轴	第一次检验		第二次检验			
5. 横轴是否垂直于竖轴						

单项技能考核九　经纬仪视准轴检验

一、考核内容：经纬仪视准轴检验

对 DJ_6 型光学经纬仪进行视准轴平行于水准轴的检验，并写出校正方法。

二、技术标准与考核要求

1. 技术标准

采用的技术标准：照准部转 180°后气泡偏差的格数是否满足仪器的要求。

2. 考核要求

(1) 在指定的地点进行考核。
(2) 1 人为主要操作考核。
(3) 操作要规范，记录、计算清晰准确，操作步骤正确，指挥准确恰当，思路清晰。
(4) 由考核教师选定地点。

三、仪器、工具准备

各种仪器、工具(表 8-2)使用之前均应检验校正，确保能正常使用。

仪器、工具规格及数量　　　　表 8-2

序号	仪器名称	规　格	数　量	备　注
1	经纬仪	DJ_6 经纬仪	1 套	

四、考场准备

(1) 操作场地应整洁无干扰，具有安全防火措施。
(2) 操作场地应通视良好，方便布线。
(3) 考核用测站点应在考核前由考核教师提前准备好并通知考生。

五、考核时限与配分

准备时间：10 分钟；考核时间：20 分钟；配分：100 分。

六、技能考核答题卷(表 8-3)

考 核 答 题 卷　　　　　　　　　　表 8-3

考生姓名:＿＿＿＿　班级:＿＿＿＿　所用时间:＿＿＿＿　得分:＿＿＿＿

1. 检验结果:

2. 校正方法:

七、技能考核评分表(表 8-4)

技能考核评分表　　　　　　　　　　表 8-4

考生姓名:＿＿＿＿　班级:＿＿＿＿　所用时间:＿＿＿＿　得分:＿＿＿＿

项目	评分标准	配分	得分
安置	仪器高度适中,安置操作正确	10	
对中	地面点在仪器中心,不与对中圆相交,不扣分;地面点与对中圆相交,但未超过地面点中心,每次扣 8 分;地面点与对中圆相交且超过地面点中心,本项不得分	10	
整平	初次整平气泡偏差不超过分划值半格,不扣分;气泡偏差不超过分划值 1 格,每次扣 8 分;气泡偏差超过分划值 1 格,本项不得分	10	
精度	$f_\beta \leqslant \pm 40''$,不扣分;$f_\beta$ 在 $40'' \sim 1'$ 之间,扣 15 分;$f_\beta > 1'$,本题不得分	20	
测量方法	观测方法符合操作规范要求	20	
判断过程	判断正确,校正方法书写正确,不扣分;判断正确,校正方法书写不正确,扣 20 分;判断不正确,校正方法错误,本题不得分	20	
时间		10	
总分		100	
监考老师:		日期:	

实训任务九　全站仪认识和使用

一、目的和要求

（1）了解全站仪的基本结构与性能、各操作部件的名称和作用。
（2）熟悉面板主要菜单功能。
（3）掌握全站仪角度测量、距离测量、数据采集的基本操作方法。

二、仪器和工具

全站仪 1 台、反光棱镜 2 套、记录板 1 个。

三、方法与步骤

1. 认识全站仪的构造、部件名称和作用

全站仪的基本构造主要包括：光学系统、光电测角系统、光电测距系统、微处理机、显示控制/键盘、数据/信息存储器、输入/输出接口、电子自动补偿系统、电源供电系统、机械控制系统等部分。

2. 认识全站仪的操作面板

图 9-1~图 9-3 分别为 NTS-305 各模式下操作面板。

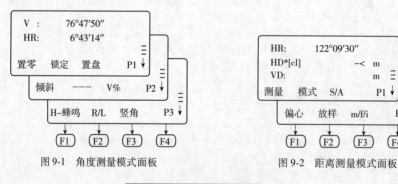

图 9-1　角度测量模式面板　　　　图 9-2　距离测量模式面板

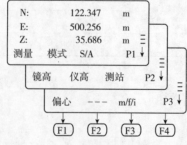

图 9-3　坐标测量模式面板

3. 熟悉全站仪的基本操作功能

全站仪的基本测量功能是测量水平角、竖直角和斜距,借助机内固化软件,组成多种测量功能。如计算并显示平距、高差以及镜站点的三维坐标,进行偏心测量、对边测量、悬高测量和面积测量计算等功能。

4. 练习并掌握全站仪的安置与观测方法

在一个测站上安置全站仪,选择两个目标点安置反光镜,练习水平角、竖直角、距离及三维坐标的测量,观测数据记入实训报告相应表中。

(1)水平角测量:在角度测量模式下,每人用测回法测两镜站间水平角1个测回,同组各人所测角值之差应满足相应的限差要求。

(2)竖直角测量:在角度测量模式下,每人观测1个目标的竖直角1测回,各人所测同一目标的竖直角角值之差应满足相应的限差要求。

(3)距离测量:在距离测量模式下,分别测量测站至两镜站的斜距、平距以及两镜站间距离。

(4)三维坐标的测量:在坐标测量模式下,选一个后视方向,固定仪器,输入后视方位角、测站坐标、测站高程和仪器高,转动仪器,测量两镜站坐标;分别输入反光镜高,得各镜站高程。

四、注意事项

(1)全站仪是目前结构复杂、价格较贵的先进仪器之一,在使用时必须严格遵守操作规程,注意爱护仪器。

(2)在阳光下使用全站仪测量时,一定要撑伞遮阳,严禁用望远镜对准太阳。

(3)仪器、反光镜站必须有人看守。观测时,应尽量避免两侧和后面反射物所产生的信号干扰。

(4)开机后先检测信号,停测时随时关机。

(5)更换电池时,应先关断电源开关。

五、实训问答

(1)全站仪数据采集的步骤是什么?

(2)坐标采集时,测记和测量模式有何区别?

六、上交资料

每人上交一份含有合格观测记录的实训报告。

实训报告九　全站仪认识和使用

班级		指导教师	
日期		天气		组别	
姓名		学号		仪器编号	

一、完成图 9-4 中全站仪各部件名称的填写

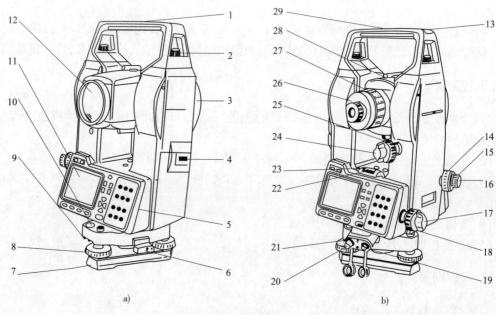

图 9-4　全站仪结构图

1.＿＿＿＿；2.＿＿＿＿；3.＿＿＿＿；4.＿＿＿＿；5.＿＿＿＿；
6.＿＿＿＿；7.＿＿＿＿；8.＿＿＿＿；9.＿＿＿＿；10.＿＿＿＿；
11.＿＿＿＿；12.＿＿＿＿；13.＿＿＿＿；14.＿＿＿＿；15.＿＿＿＿；
16.＿＿＿＿；17.＿＿＿＿；18.＿＿＿＿；19.＿＿＿＿；20.＿＿＿＿；
21.＿＿＿＿；22.＿＿＿＿；23.＿＿＿＿；24.＿＿＿＿；25.＿＿＿＿；
26.＿＿＿＿；27.＿＿＿＿；28.＿＿＿＿；29.＿＿＿＿；

二、全站仪知识填空

1. 全站仪是由＿＿＿＿、＿＿＿＿、＿＿＿＿及＿＿＿＿组合而成的智能型光电测量仪器。

2. 全站仪的基本功能是测量＿＿＿＿、＿＿＿＿和＿＿＿＿，借助于机内固化的

软件,可以组成多种测量功能。如可以计算并显示_____、_____以及镜站点的_____,进行_____、_____、_____、_____等。

3. 全站仪的三同轴望远镜是指,在全站仪的望远镜中,照准目标的_____、光电测距的_____和_____是同轴的。

4. 全站仪的棱镜常数是指:_____。

三、全站仪测量记录(表 9-1~表 9-4)

全站仪测回法水平角观测记录　　　　　　　　　　　　　　　　　表 9-1

测站	盘位	目标	水平度盘读数 (° ′ ″)	半测回角值 (° ′ ″)	一测回角值 (° ′ ″)	备注 (测角示意图)

全站仪测回法竖直角观测记录　　　　　　　　　　　　　　　　　表 9-2

测站	目标	盘位	竖盘读数 (° ′ ″)	半测回竖直角 (° ′ ″)	指标差 (″)	竖直角 (° ′ ″)	备注

全站仪距离测量观测记录　　　　　　　　　　　　　　　　　表 9-3

测站	目标	盘位	水平距离 (m)	水平距离均值 (m)	相对误差 (m)	备注

全站仪坐标测量观测记录　　　　　　　　　表9-4

测站	目标	N(X)坐标	E(Y)坐标	备　　注
				测站点坐标： N:1234.567,E:567.234 后视方向方位角:65°

四、实训总结(包括知识、技能、态度认识,100字以上)

单项技能考核十　全站仪坐标采集

一、考核内容:全站仪坐标测量

利用两个已知点坐标,测量任意五个未知点坐标,并建立新文件 123 保存坐标。

二、技术标准与考核要求

1. 技术标准

x 坐标与标准值之差≤5cm;y 坐标与标准值之差≤5cm。

2. 考核要求

(1)在指定的地点进行考核。

(2)1 人为主要操作考核,2 人辅助。

(3)操作要规范,记录计算清晰准确,操作步骤正确,指挥准确恰当,思路清晰。

(4)由考核教师钉设控制点桩及待测点桩,并提供数据资料。

三、仪器、工具准备

各种仪器、工具(表 9-5)使用之前均应检验校正,确保性能完好。

仪器、工具规格及数量　　　　　　　　　　　　　　　表 9-5

序号	仪器名称	规　格	数　量	备　注
1	全站仪	—	1 套	
2	对中杆	3m	2 根	
3	花杆	2m	1 根	
4	棱镜	单	2 个	
5	记录表格、文件夹	—	1 套	

四、考场准备

(1)操作场地应整洁无干扰,具有安全防火措施。

(2)操作场地应通视良好,方便布线。

(3)考核用控制点及计算数据,在考核前由考核教师提前准备好。

五、考核时限与配分

准备时间:10 分钟;考核时间:20 分钟;配分:100 分。

六、技能考核答题卷(表9-6)

考 核 答 题 卷　　　　　　　　　　表9-6

考生姓名:_____　班级:_____　所用时间:_____　得分:_____

测 点	X	Y	备 注
B			后视点,坐标已知
A			测站点,坐标已知
P_1			待测点
P_2			待测点
P_3			待测点
P_4			待测点
P_5			待测点

附加问题:
简述坐标采集过程。

监考老师精度检核:

七、技能考核评分表(表9-7)

技能考核评分表　　　　　　　　　　表9-7

考生姓名:_____　班级:_____　时间:_____　得分:_____

项　目	评分标准	配分	得分
对中	地面点在仪器中心,不与对中圆相交,不扣分;地面点与对中圆相交,但未超过地面点中心,每次扣8分;地面点与对中圆相交且超过地面点中心,本项不得分	10	
整平	初次整平气泡偏差不超过分划值半格,不扣分;气泡偏差不超过分划值1格,每次扣8分;气泡偏差超过分划值1格,本项不得分	10	
设计数据输入	调用程序不正确,扣5分;设计数据输入不正确,扣5分	10	
坐标测量	熟练操作仪器,瞄准目标,十字丝、目标清晰并无视差;坐标测量步骤正确	10	
记录	记录应准确、无差错,每出错一次扣2分,记录不清楚扣2分	10	
精度要求	坐标测量结果应符合精度要求,每错一项扣5分	20	
时间		30	
总分		100	

监考老师:　　　　　　　　　　　　　日期:

注:时间考核成绩满分为30分,以参加此模块考核的同学最先提交成果的为基准,时间计为T_1,成绩计为30分;完成时间最晚的一组,时间计为T_2,成绩计为$30 \times 60\%$;其余同学成绩s_i(时间计为T_i)按下列公式计算:$s_i = \left(1 - \frac{T_i - T_1}{T_2 - T_1} \times 40\%\right) \times 30$。

单项技能考核十一　全站仪坐标放样

一、考核内容：全站仪坐标放样

利用两个已知坐标点和三个未知点坐标，进行三角形桩位放样。

二、技术标准与考核要求

1. 技术标准

点位纵向误差≤15mm；点位横向误差≤15mm。

2. 考核要求

(1)在指定的地点进行考核。

(2)1人为主要操作考核，2人辅助。

(3)操作要规范，记录计算应清晰准确，操作步骤正确，指挥准确恰当，思路清晰。

(4)由考核教师钉设控制点桩，并提供数据资料。

(5)考核内容包括：全站仪的安置、全站仪放样、记录、测设组织指挥、测设结果。

三、仪器、工具准备

各种仪器、工具(表9-8)使用之前均应检验校正，确保性能完好。

仪器、工具规格及数量　　　　　　　　　　表9-8

序号	仪器名称	规格	数量	备注
1	全站仪	—	1套	
2	对中杆	3m	2根	
3	花杆	2m	1根	
4	棱镜	单	2个	
5	记录表格、文件夹	—	1套	

四、考场准备

(1)操作场地应整洁无干扰，具有安全防火措施。

(2)操作场地应通视良好。

(3)考核用控制点及计算数据，在考核前由考核教师准备好。

五、考核时限与配分

准备时间：10分钟；考核时间：40分钟；配分：100分。

六、技能考核答题卷(表9-9)

考 核 答 题 卷　　　　　　　　　　　表9-9

考生姓名:_____　班级:_____　所用时间:_____　得分:_____

测　点	X	Y	备　注
B			后视点,坐标已知
A			测站点,坐标已知
F1			放样点
F2			放样点
F3			放样点

附加问题:
简述坐标放样过程。

监考老师精度检核:

七、技能考核评分表(表9-10)

技能考核评分表　　　　　　　　　　　表9-10

考生姓名:_____　班级:_____　所用时间:_____　得分:_____

项　目	评分标准	配分	得分
对中	地面点在仪器中心,不与对中圆相交,不扣分;地面点与对中圆相交,但未超过地面点中心,每次扣8分;地面点与对中圆相交且超过地面点中心,本项不得分	10	
整平	初次整平气泡偏差不超过分划值半格,不扣分;气泡偏差不超过分划值1格,每次扣8分;气泡偏差超过分划值1格,本项不得分	10	
设计数据输入	调用程序不正确扣5分;设计数据输入不正确扣5分	10	
坐标放样	熟练操作仪器,瞄准目标,十字丝、目标清晰并无视差;坐标测量步骤正确	10	
精度要求	坐标放样结果应符合精度要求	30	
时间		30	
总分			

监考老师:　　　　　　　　　　　日期:

注:时间考核成绩满分为30分,以参加此模块考核的同学最先提交成果的为基准,时间计为 T_1,成绩计为30分;完成时间最晚的一组,时间计为 T_2,成绩计为 $30×60\%$;其余同学成绩 s_i(时间计为 T_i)按下列公式计算: $s_i = \left(1 - \dfrac{T_i - T_1}{T_2 - T_1} \times 40\%\right) \times 30$。

单项技能考核十二　全站仪测距、测角

一、考核内容:全站仪测距、测角

利用全站仪分别测出一个角度及其两条边的长度。

二、技术标准与考核要求

1. 技术标准

与已知角度之差≤1′;与已知距离之差≤15mm。

2. 考核要求

(1)在指定的地点进行考核。

(2)1 人为主要操作考核,2 人辅助。

(3)操作要规范,记录计算应清晰准确,操作步骤正确,指挥准确恰当,思路清晰。

(4)由考核教师钉设测设桩。

(5)考核内容包括:全站仪的安置、全站仪测点、记录计算、测设组织指挥、测设结果。

(6)测角采用精测,精测 2 次;距离测量采用精测模式。

三、仪器、工具准备

各种仪器、工具(表 9-11)使用之前均应检验校正,确保性能完好。

仪器、工具规格及数量　　　　　表 9-11

序号	仪器名称	规　格	数　量	备　注
1	全站仪	—	1套	
2	对中杆	3m	2根	
3	花杆	2m	1根	
4	棱镜	单	2个	
5	记录表格、文件夹	—	1套	

四、考场准备

(1)操作场地应整洁无干扰,具有安全防火措施。

(2)操作场地应通视良好。

(3)考核用控制点,考核前由考核教师准备好。

五、考核时限与配分

准备时间:10 分钟;考核时间:15 分钟;配分:100 分。

六、技能考核答题卷(表 9-12)

考 核 答 题 卷　　　　　　表 9-12

考生姓名:_____　班级:_____　所用时间:_____　得分:_____

角度测量结果: 距离测量结果:$D_1 =$ 简述测量过程:
附加问题:简述全站仪 Menu 菜单的主要应用程序。
监考老师精度检查:

七、技能考核评分表(表 9-13)

技能考核评分表　　　　　　表 9-13

考生姓名:_____　班级:_____　所用时间:_____　得分:_____

项　目	评 分 标 准	配分	得分
对中	地面点在仪器中心,不与对中圆相交,不扣分;地面点与对中圆相交,但未超过地面点中心,每次扣 8 分;地面点与对中圆相交且超过地面点中心,本项不得分	10	
整平	初次整平气泡偏差不超过分划值半格,不扣分;气泡偏差不超过分划值 1 格,每次扣 8 分;气泡偏差超过分划值 1 格,本项不得分	10	
测量	熟练操作仪器,瞄准目标、十字丝、目标清晰并无视差;坐标测量步骤正确	10	
记录	记录应准确、无差错,每出错一次扣 2 分,记录不清楚扣 2 分	10	
精度要求	测量结果应符合精度要求	30	
时间		30	
总分		100	
监考老师:		日期:	

注:时间考核成绩满分为 30 分;以参加此模块考核的同学最先提交成果的为基准,时间计为 T_1,成绩计为 30 分;完成时间最晚的一组,时间计为 T_2,成绩计为 $30 \times 60\%$;其余同学成绩 s_i(时间计为 T_i)按下列公式计算:$s_i = \left(1 - \frac{T_i - T_1}{T_2 - T_1} \times 40\%\right) \times 30$。

实训任务十　GPS 控制测量数据采集与处理操作步骤

一、训前思考

（1）GPS 测量地面点坐标的原理是什么？
（2）GPS 系统由哪些部分组成？
（3）卫星导航电文在 GPS 测量中起什么作用？

二、目的和要求

实训的目的是使学生了解根据 GPS 定位的特点来对工程控制网进行测定的过程。通过实训，应达到如下要求：
（1）熟练掌握 GPS 接收机的使用方法，外业观测的记录要求，以及选点、埋石的要求。
（2）合理分配时段，掌握星历预报对时段的要求，PDOP 值的大小对观测精度的影响，图形结构的设计及外业工作。
（3）熟练运用 GPS 进行控制测量，完成数据的传输。

三、仪器和工具

Trimble 4800 GPS 接收机 1 台、柱状锂电池 1 块、基座 1 个（含轴心）、三脚架 1 个、记录板 1 个。

四、方法与步骤

1. 领取实训仪器

对照实训物品清单，点清仪器。检查仪器外观是否有损伤，接收机电量是否充足。

2. 安置 GPS 接收机

将三脚架张开并踩紧，使架头大致水平，高度适中。然后用连接螺旋将 GPS 接收机连同基座固定在三脚架上，使基座对中整平。按要求将电池与 GPS 接收机连接。

3. 量取天线高

在每时段观测前、后各量取天线高 1 次，精确至毫米。采用倾斜测量方法，从脚架互成 120°的方向量取 3 次，Trimble 接收机测量至天线挂钩，互差小于 3mm，取平均值。

4. 做好记录

根据作业计划，在规定的时间内开机。由于华测 X90GPS 接收机开机默认状态为动态模式，所以要进行静态观测时，应按切换键切换到静态模式。做好测站记录，以便今后处理。记录内容：①天线高；②观测时段，即开、关机时间；③接收机系列号；④天线类型；⑤日期；⑥接收机类型;⑦量度方式。

五、注意事项

(1)插上电缆后,要确保接收机端口的红点与电缆接头对齐。千万不要用力插电缆,以防损坏接头的插脚。

(2)断开电缆后,拉动滑动轴环,然后从端口直拔电缆接头,不要扭动接头或拉拽电缆。

(3)内置电池放到电池舱内时,应确保接触点的位置准确地与接收机的接触点对齐,使电池和电池舱作为一个整体滑入接收机内,直到电池舱安葬到位并卡定为止。

(4)收起电缆时,一定要把电缆盘成环状,避免扭折电缆。

(5)夏天工作时,尽量避免仪器直接暴晒在阳光下。

六、试验问答

(1)GPS 接收机外业观测时,接收到了_____颗卫星。

(2)简述 GPS 接收机控制面板上按键及指示灯的作用。

七、上交资料

每人应上交技术资料1份,注明实训测区、班级、小组、姓名及年月日。上缴的实训资料要存档,打印并装订成册。成果中应按某城市 GPS Ⅲ 等控制网测量技术设计实例的要求进行。其内容如下:

(1)GPS 点点之记。

(2)布设的 GPS 网略图。

(3)外业观测计划:①确定测量模式;②选定最佳观测时段;③确定同步观测时段长度及起止时分;④编制观测计划表,填写并下达作业调度命令。

(4)外业观测记录。

(5)静态数据文件。数据在备份后,通过数据处理软件转换至通用数据格式,以便与各类数据处理软件兼容。

(6)内业数据处理计算成果。

实训报告十　GPS 认识与使用

班级		指导教师	
日期		天气		组别	
姓名		学号		仪器编号	

一、完成图 10-1 中全站仪各部件名称的填写

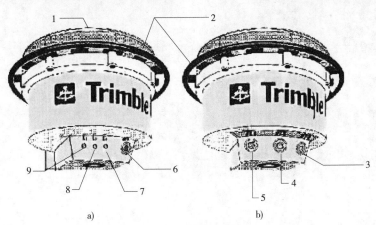

图 10-1　全站仪结构图

1.＿＿＿＿＿＿；2.＿＿＿＿＿＿；3.＿＿＿＿＿＿；4.＿＿＿＿＿＿；5.＿＿＿＿＿＿；
6.＿＿＿＿＿＿；7.＿＿＿＿＿＿；8.＿＿＿＿＿＿；9.＿＿＿＿＿＿。

二、全站仪知识填空

1. 天宝 4800 的三个 LED 灯分别是＿＿＿＿＿，＿＿＿＿＿，＿＿＿＿＿。
2. 卫星指示灯慢闪表明接收机跟踪了＿＿＿＿＿颗卫星。
3. Trimble 4800GPS 接收机自动记录文件名，自动命名规则：AAAABBBC. dat，其中 "AAAA"表示接收机系列号的＿＿＿＿＿；"BBB"表示 GPS＿＿＿＿＿；"C"表示观测时段的＿＿＿＿＿。
4. 当接收机正常记录的时候，红色卫星灯＿＿＿＿＿，同时黄色的记录灯处于＿＿＿＿＿。

三、GPS 接收机天线高记录(表 10-1)

表 10-1

测点点名	仪器类型	仪器型号	观测时段	天线高	开机时间	关机时间

四、实训总结(包括知识、技能、态度认识,100 字以上)

单项技能考核十三 RTK 测 量

一、考核内容:RTK 测量

做 RTK 测量,根据两个已知坐标点,测量四个未知点坐标。

二、技术标准与考核要求

1. 技术标准

RTK 测量主要技术要求(表 10-2)

表 10-2

等级	相邻点间平均边长(m)	点位中误差(cm)	边长相对中误差	与基准站的距离(km)	观测次数	起算点等级
一级	500	≤±5	≤1/20000	≤5	≥4	四等及以上
二级	300	≤±5	≤1/10000	≤5	≥3	一级及以上
三级	200	≤±5	≤1/6000	≤5	≥2	二级及以上

注:1. 点位中误差指控制点相对于最近基准站的误差。

2. 采用单基准站 RTK 测量一级控制点需至少更换一次基准站进行观测,每站观测次数不少于 2 次。

3. 采用网络 RTK 测量各级平面控制点可不受流动站到基准站距离的限制,但应在网络有效范围内。

4. 相邻点间距离不宜小于该等级平均边长的 1/2。

2. 考核要求

(1)在指定的地点进行考核。

(2)1 人为主要操作考核,1 人辅助。

(3)操作要规范,记录计算应清晰准确,操作步骤正确,指挥准确恰当,思路清晰。

(4)由考核教师指定已知平面控制点,并提供椭球参数、中央子午线经度以及已知的两个平面点坐标数据资料。

(5)考核内容包括:基准站的架设、手簿和移动站的连接、参数转换(四参数或七参数,由考核教师指定)、坐标采集结果。

三、仪器、工具准备

仪器、工具(表 10-3)使用之前均应检验校正,确保性能完好。

仪器、工具规格及数量

表 10-3

序号	仪器名称	规格	数量	备注
1	GPS 基准站和移动站	—	1套	
2	记录表格、文件夹	—	1套	

四、考场准备

(1)基准站外接模块,移动站为内置电台。
(2)网络模块时需测试网络,查看网络情况。
(3)指示灯闪烁正常。
(4)必须进行求解转换参数,同一个工程第二次开机(基准站)时必须进行单点校正。

五、考核时限与配分

准备时间:10分钟;考核时间:40分钟;配分:100分。

六、技能考核答题卷(表10-4)

技能考核答题卷　　　　　　表10-4

考生姓名:_____　班级:_____　所用时间:_____　得分:_____

采集点	X	Y	备　　注
F_1			
F_2			已知点坐标:
F_3			
F_4			

附加问题:
简述 WGS-84 坐标系的几何定义。

监考老师精度检核:

七、技能考核评分表(表10-5)

技能考核评分表 表10-5

考生姓名:_____ 班级:_____ 所用时间:_____ 得分:_____

项　　目	评 分 标 准	配分	得分
基准站对中	地面点在仪器中心,不与对中圆相交,不扣分;地面点与对中圆相交,但未超过地面点中心,每次扣8分;地面点与对中圆相交且超过地面点中心,本项不得分	10	
基准站整平	初次整平气泡偏差不超过分划值半格,不扣分;气泡偏差不超过分划值1格,每次扣8分;气泡偏差超过分划值1格,本项不得分	10	
主机设置	主机设置为基准站模式,不正确扣5分;所有的连接线都连接正确,不正确扣5分	10	
坐标测量	手簿设置正确,参数转换正确,坐标采集步骤正确	10	
精度要求	坐标放样结果符合精度要求	30	
时间		30	
总分		100	
监考老师:		日期:	

注:时间考核成绩满分为30分,以参加此模块考核的同学最先提交成果的为基准,时间计为 T_1,成绩计为30分;完成时间最晚的一组,时间计为 T_2,成绩计为 $30\times 60\%$;其余同学成绩 s_i(时间计为 T_i)按下列公式计算: $s_i = \left(1-\dfrac{T_i-T_1}{T_2-T_1}\times 40\%\right)\times 30$。

实训任务十一　距离测量——钢尺一般量距

一、训前思考

（1）距离测量的方法有哪些？比较而言，在勘测和施工中具体应用有哪些？

（2）钢尺量距的方法有几种？精度是怎么界定的？

（3）钢尺量距在什么情况下需要进行三项改正？

（4）钢尺量距时可能产生的误差有哪些？如何提高量距精度？

二、目的和要求

1. 目的

距离测量是测量地面上两点连线长度的工作，通常需要测定的是水平距离，即两点连线投影在某水准面上的长度。它是确定地面点的平面位置的要素之一，是测量工作中最基本的任务之一。

2. 要求

掌握钢尺量距的一般方法。钢尺量距时，先量取整尺段，最后量取余长，读数及计算长度取至毫米。钢尺往、返丈量的相对精度应高于1/3000，则取往、返平均值作为该直线的水平距离，否则重新丈量。

三、工程应用范围

（1）公路勘察设计外业中一般地形的横断面测量。

（2）公路路基施工路基边桩的放样。路基施工测量中，护桩量距应用及精度要求在1/3000以内的距离放样。

（3）公路施工质量验收中对几何尺寸的丈量。

四、钢尺一般量距的技术要求

钢尺一般量距的技术要求是"直、平、准"。直，就是要量两点间的直线长度，不是折线或曲线长度，为此定线要直，尺要拉直；平，就是要量两点间的水平距离，要求尺身水平，如果量取斜距也要改算成水平距离；准，就是对点、投点、计算要准，丈量结果不能有错误，并符合精度要求。

五、仪器和工具

30m 钢尺 1 把，测钎 5 根，标杆 3 支，记录板 1 块。

六、方法与步骤

（1）在地面上选定相距约 80m 的 A、B 两点，插测钎作为标志，在测钎后几厘米处插标杆；一人持标杆至 AB 的大致中点 M，一人在 A 点标杆后根据 A、B 点标杆目视定线，指挥中点 M 处的标杆竖立于 AB 直线上。

（2）往测：后尺手持钢尺零点端对准 A 点，前尺手持尺盒及携带测钎向 AB 方向前进，至一尺段钢尺全部拉出时停下，由后尺手根据 M 点的标杆指挥前尺手将钢尺定向，前、后尺手拉紧钢尺，前尺手喊"预备"，后尺手对准零点后喊"好"，前尺手在整 30m 处插下测钎，完成一尺段的丈量，依次向前丈量各整尺段；到最后一段不足一尺段时为余长，后尺手对准零点后，前尺手在尺上根据 B 点测钎读数（读至 mm）；记录者在丈量过程中在"钢尺量距记录"表上记下整尺段数及余长，得往测总长。

（3）返测：由 B 点向 A 点用同样方法丈量。

（4）根据往测和返测的总长计算往返差数、相对精度，最后取往、返总长的平均数。

七、注意事项

（1）钢尺量距的原理简单，但在操作上容易出错，要做到"三清"：看清钢尺零点，尺子零点不一定在尺端，有些尺子零点前还有一段分划，必须看清；认清尺上读数，要区分清楚 m、dm、cm 的注字和 mm 的分划数；尺段较多时，记清尺段数，容易出现少记一个尺段的错误。

（2）钢尺容易损坏，为维护钢尺，应做到"四不"：不扭、不折、不压、不拖。用毕要擦净后才可卷入尺盒内。

八、上交资料

每人上交一份含有合格观测记录的实训报告。

实训报告十一　距　离　测　量

班级		指导教师	
日期		天气		组别	
姓名		学号		仪器编号	

一、距离测量知识填空

1. 钢尺根据零点位置的不同,有_____和_____两种。_____是以尺的最外端作为尺的零点;_____是以尺前端的一刻线作为尺的零点。
2. 丈量地面两点间的距离,指的是两点间的_____距离。
3. 直线定线的方法有_____和_____两种。
4. 用平量法丈量距离的基本要求是尺子要_____、标杆要_____且定线_____、对点、投点和_____要准确。
5. 钢尺丈量时,尺身不平或定线不直将使丈量结果比实际水平距离_____。
6. 距离测量的精度是以_____来表示的,它是_____与_____之比,通常表示成_____形式,其分母越大,说明量距的精度_____。
7. 水准仪与经纬仪望远镜内十字丝的上、下短横丝也称_____。
8. 当采用水准仪进行视距测量时,视距计算公式为:_____。
当采用经纬仪进行视距测量时,视距计算公式为:_____。

二、距离测量实训记录(表 11-1、表 11-2)

钢尺量距数据记录计算表　　　　　　　　　　　　　　　　表 11-1

测　线		观测值(m)			往返较差(m)	均值(m)	精度
		整尺段	零尺段	总计			
A—B	往测						
	返测						
B—C	往测						
	返测						
C—A	往测						
	返测						

经纬仪视距测量记录计算表　　　　　　　表 11-2

测线	盘位	观测值（m）					视距（m）	较差（m）	均值（m）	精度
		下丝读数	下丝读数	视距丝间隔	竖盘读数（° ′ ″）	竖直角（° ′ ″）				
A—B										
B—C										
C—A										

三、结合实训过程，回答下述问题

1. 简述钢尺量距的施测过程，并说明钢尺量距过程中的注意事项。

2. 说明采用视距测量方法测距时精度较低的原因。

四、实训总结（包括知识、技能、态度认识，100 字以上）

实训任务十二 直线定向

一、训前思考

(1)直线定向和直线定线的区别?
(2)直线方向的表示方法?
(3)直线定向对坐标测量和坐标放样的意义?
(4)表示直线方向的标准方向有几个?在本次实训中采用哪个作为标准方向?

二、目的和要求

掌握用罗盘仪测定磁方位角的方法。理解正、反方位角的关系平均值的计算方法。

三、工程应用范围

罗盘仪是利用磁针确定方位的仪器,用以测定地面上直线的磁方位角或磁象限角。罗盘仪由罗盘盒、照准装置、磁针组成,构造简单,使用方便,但精度较低。常用于测定独立测区的近似起始方向,以及路线勘测、地质普查、森林普查中的测量工作,在独立测区控制网的定向中得到广泛应用。

四、直线定向的技术要求

正反磁方位角之差小于$1°$。

五、实训组织及仪器工具

每个实训小组由4~6人组成,每组在实训场地选定两点,用罗盘仪测出磁方位角。

所用仪器工具有:罗盘仪1套,标杆2根,量角器1个,比例尺1把,坐标纸1张。自备铅笔、小刀、记录板、记录表格等。

六、方法与步骤

(1)在A点安置罗盘仪,对中整平后,用瞄准装置瞄准B点标杆,旋松磁针的固定螺钉;放下磁针,待磁针静止后,读取磁针北端在刻度盘上的读数(若物镜与刻度盘的$180°$在同一测,则用磁针南端读数),即为AB边的正磁方位角;顺时针转动罗盘盒,用望远镜瞄准F点,同法读数,即为FA边的反磁方位角。

(2)将罗盘仪搬至B点安置,瞄准C点,测出BC边的正磁方位角;瞄准A点,测出AB边的反磁方位角。同法分别在C、D、E、F等点安置仪器并观测读数。若各边正、反磁方位角的差值在$179°$~$180°$之间,取其平均值作为最后的结果。即

$$\alpha_{平均} = 1/2[\alpha_{正} + (\alpha_{反} \pm 180°)]$$

若未布设导线,则在各直线两端分别安置罗盘仪,观测其正、反磁方位角。

(3)检核正、反磁方位角的互差是否超限,计算方位角的平均值。

七、注意事项

(1)选点时要注意避开导磁金属及高压线的干扰,取出仪器或搬站时要先固定好磁针。

(2)注意度盘的刻度注记是按逆时针方向增加,读数时应逆时针按由少向多的注记方向读取。读数时顺磁针方向在磁针北端(不缠铜丝的一端)读数。

(3)各边正、反方位角值要及时比较,若误差超限,应立刻查明原因并重测。

八、上交资料

每人上交一份含有合格观测记录的实训报告。

实训报告十二 直线定向

班级		指导教师	
日期		天气		组别	
姓名		学号		仪器编号	

一、直线定向知识填空

1. 地面直线与标准方向间的水平夹角称为_____。
2. 在直线定向工作中，采用的标准方向有_____、_____、_____三种。
3. 直线方向一般用方位角表示，直线的方位角是由子午线_____转至该直线的_____，方位角的角值范围为：_____。
4. 同一直线的正反方位角相差_____。
5. 直线的磁方位角可用罗盘仪测定，罗盘仪主要由_____、_____、_____组成。
6. 象限角是从 x 轴的_____或_____顺时针或逆时针旋转至该直线的_____，其角值范围为：_____。

二、完成图12-1罗盘仪各部件名称的填写

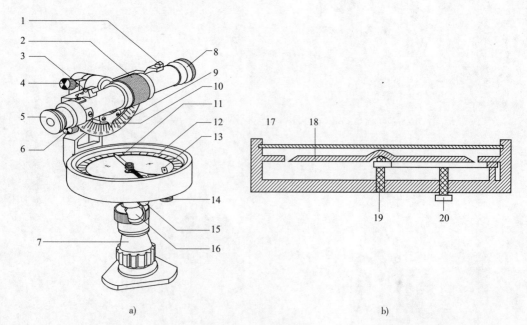

a)   b)

图 12-1 罗盘仪结构图

92

1. _____;2. _____;3. _____;4. _____;5. _____;
6. _____;7. _____;8. _____;9. _____;10. _____;
11. _____;12. _____;13. _____;14. _____;15. _____;
16. _____;17. _____;18. _____;19. _____;20. _____.

三、磁方位角测量实训记录(表 12-1)

罗盘仪磁方位角测量记录表　　　　　　　　　　　　　　表 12-1

测　站	目　标	磁方位角(° ′ ″)	示　意　图

四、结合实训过程,回答下述问题

1. 简述磁罗盘仪使用的注意事项。

2. 简述使用磁罗盘仪测量磁方位角的操作步骤。

五、实训总结(包括知识、技能、态度认识,100 字以上)

实训任务十三　全站仪导线测量

一、训前思考

（1）导线测量在工程建设中起什么作用？
（2）导线测量在控制测量中起什么作用？
（3）导线测量的方法有哪些？
（4）导线测量的目的是什么？
（5）导线测量的基本要素有哪些？
（6）如何根据导线各边的坐标方位角确定坐标增量的正负号？

二、目的和要求

掌握导线的布设要领和导线的平差计算过程，及全站仪导线外业测量的方法。

三、工程应用范围

导线测量是平面控制测量的一种方法，用于建立测区控制网，是地形测图、城市测量和各种工程测量建立控制点的常用方法。

四、导线测量的技术要求（表13-1）

导线测量的技术要求　　　　表13-1

等级	导线长度(km)	平均边长(km)	测角中误差(″)	测距中误差(mm)	测距相对中误差	测回数 1″级仪器	测回数 2″级仪器	测回数 6″级仪器	方位角闭合差(″)	导线全长相对闭合差
三等	14	3	1.8	20	1/150000	6	10	—	$3.6\sqrt{n}$	≤1/55000
四等	9	1.5	2.5	18	1/80000	4	6	—	$5\sqrt{n}$	≤1/35000
一级	4	0.5	5	15	1/30000	—	2	4	$10\sqrt{n}$	≤1/15000
二级	2.4	0.25	8	15	1/14000	—	1	3	$16\sqrt{n}$	≤1/10000
三级	1.2	0.1	12	15	1/7000	—	1	2	$24\sqrt{n}$	≤1/5000

注：1. 表中 n 为测站数；
　　2. 当测区测图的最大比例尺为1∶1000时，一、二、三级导线的平均边长及总长可适当放长，但最大长度不应大于表中规定长度的2倍；
　　3. 测角的1″、2″、6″级仪器分别包括全站仪、电子经纬仪和光学经纬仪。

五、仪器和工具

每组全站仪 1 套、棱镜 1 副、对中杆组 1 套、计算器 1 个、记录表 1 份。

六、方法与步骤

(一)观测方法和步骤

如图 13-1 所示附合导线,已知 A、B、C、D 各点的三维坐标,要观测并平差计算 1、2、3 各点的三维坐标。

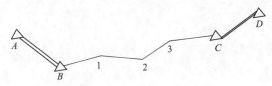

图 13-1 附合导线

(1)在 A 点和 1 点分别设置棱镜,对中、整平后量取棱镜高(目标高)。

(2)在 B 点架设全站仪(以南方 NTS360 为例),对中、整平后量取仪器高。

(3)全站仪开机,按坐标测量键(CORD)进入坐标测量模式,进行坐标测量。注意:要先设置测站坐标、仪器高、目标高及后视方位角。

输入测站点坐标(X_B,Y_B,H_B)。以拓普康 3000 全站仪为例,一测站导线点坐标测量步骤:

　　　　　　　　开机→MENU→菜单　　　　1/3

　　　　　　　　F1:数据采集

　　　　　　　　F2:放样

　　　　　　　　F3:存储管理　　　　　　　P↓

F1:数据采集→选择文件→F1 输入或 F2 调用→F1 输入文件名(数字键或字母键),转换按 F1【ALP】,F2【SPC】右移,F3【CLR】删除,F4【ENT】确认→输完文件名后按 F4【ENT】。

　　　　　　　　数据采集　　　　　　　　1/2

　　　　　　　　F1:测站点输入

　　　　　　　　F2:后视

　　　　　　　　F3:前视/侧视　　　　　　 P↓

测站点设置:→F1:测站点输入→F4 测站→F3 坐标→F1 输入 N,E,Z→F3 记录→F3【是】→回到:

　　　　　　　　数据采集　　　　　　　　1/2

　　　　　　　　F1:测站点输入

　　　　　　　　F2:后视

　　　　　　　　F3:前视/侧视　　　　　　 P↓

后视点设置:→F2:后视→F4 后视→F3 NE/AZ→F1 输入 N,E 回车→仪器照准后视点→F3 测量→F1 角度→回到:

数据采集　　　　　　　　　　1/2
　　F1:测站点输入
　　F2:后视
　　F3:前视/侧视　　　　　　　P↓

坐标测量:→F3:前视/侧视→F1 输入点号→F4【NET】→F3 测量→F3 坐标

将全站仪搬站至1点,以1为测站,以 B 为后视,观测2点,记录其坐标;

将全站仪搬站至2点,以2为测站,以1为后视,观测3点,记录其坐标;

将全站仪搬站至3点,以3为测站,以2为后视,观测 C 点,记录其坐标。

(二)全站仪导线平差方法

1. 计算纵、横坐标闭合差

$$f_x = X_C' - X_C$$

$$f_y = Y_C' - Y_C \quad (X_C'、Y_C' 分别是 C 点的坐标观测值)$$

2. 计算导线全长闭合差、相对闭合差

$$f_D = \sqrt{f_x^2 + f_y^2} \qquad k = \frac{1}{\sum D/f}$$

3. 计算各点坐标改正数

按坐标平差法计算步骤如下:

假设有一条附合导线,由于存在观测误差,最后测得的一点(假设为 C)坐标与该点已知坐标 (x_C, y_C) 不一致,其差值即为纵、横坐标增量闭合差,即:

$$f_x = x'_C - x_C \qquad f_y = y'_C - y_C$$

导线全长闭合差为 f_D:

$$f_D = \sqrt{f_x^2 + f_y^2}$$

导线全长相对闭合差为:

$$k = \frac{1}{\sum D/f}$$

此时若满足要求的精度,就可以直接根据坐标增量闭合差来计算各个导线点的坐标改正数,各导线点的坐标改正值计算公式为:

$$v_{x1} = -\frac{f_x}{\sum |\Delta x|}(|\Delta x_1| + |\Delta x_2| + \cdots + |\Delta x_i|)$$

$$v_{y1} = -\frac{f_x}{\sum |\Delta y|}(|\Delta y_1| + |\Delta y_2| + \cdots + |\Delta y_i|)$$

改正后各点坐标 $x_i、y_i$ 为:

$$x_i = x'_i + v_{x1}$$

$$y_i = y'_i + v_{y1}$$

式中:$\Delta x_1、\Delta x_2、\Delta x_i、\Delta y_1、\Delta y_2、\Delta y_i$——分别为第一、第二和第 i 条边的近似坐标增量;

　　　　$x_i'、y_i'$——分别为各待定点坐标的观测值(即全站仪外业直接观测的导线点的坐标)。

采用坐标法进行导线近似平差,直接在已经测得导线点的坐标上进行改正,方法简单,易于掌握,避免了传统近似平差法的方位角的推算和改正,以及坐标增量的计算和改正。

4. 计算改正后各点坐标

$$X_i = X_i' + v_{xi} \qquad Y_i = Y_i' + v_{yi}$$ （X_i'、Y_i' 分别是 i 点的坐标观测值）

5. 计算高程闭合差

$$f_H = H_C' - H_C$$ （H_C' 是 C 点的高程观测值）

6. 计算各点高程改正数

$$v_{Hi} = -\frac{f_H}{\Sigma D} \cdot (D_1 + D_2 + \cdots + D_{i-1})$$

7. 计算改正后各点高程

$$H_i = H_i' + v_{Hi}$$ （H_i' 是 i 点的高程观测值）

七、注意事项

（1）导线点间应互相通视，边长以 40~60m 为宜。若边长较短，测角时应特别注意提高对中和瞄准的精度。

（2）根据测区内已知两控制点的坐标，反算坐标方位角。

（3）限差要求：同一边往、返测距离的相对误差应小于 1/2000；导线角度闭合差的限差为 $\pm 40\sqrt{n}$，n 为转折角个数；导线全长相对闭合差的限差为 1/2000。超限应重测。

八、上交资料

每人上交一份含有合格观测记录的实训报告，见表 13-2、表 13-3。

表 13-2

全站仪导线坐标测量记录表

地点： 测量员： 测量日期：

测站	后视 前视	水平角			方位角			坐标		高程 H (m)	备注及草图
		°	′	″	°	′	″	X	Y		

全站仪导线坐标测量计算表

表 13-3

点号	坐标观测值(m)			边长(m)	坐标改正数			坐标平差值(m)		
	X	Y	H		X	Y	H	X	Y	H
B										
1										
2										
3										
C′										
C										

$f_x =$

$f_y =$

$f =$

$k =$

$f_h =$

草图

实训报告十三 导线测量

班级		指导教师	
日期	天气	组别	
姓名	学号	仪器编号	

一、导线测量知识填空

1. 经纬仪导线的布设形式有_____、_____、支导线。
2. 经纬仪导线测量的外业工作主要有：_____、_____、_____、_____。
3. 地面点的标志，按保存时间长短可分为_____和_____。
4. 导线方位角计算中，根据计算的象限角 $R_{AB} = \arctan \dfrac{\Delta y_{AB}}{\Delta x_{AB}}$，计算导线坐标方位角 α_{AB}：当 $\Delta x>0, \Delta y>0$ 时，$\alpha_{AB} = $_____；当 $\Delta x>0, \Delta y<0$ 时，$\alpha_{AB} = $_____；当 $\Delta x<0, \Delta y>0$ 时，$\alpha_{AB} = $_____；当 $\Delta x<0, \Delta y<0$ 时，$\alpha_{AB} = $_____。
5. 导线方位角的推算公式为：$\alpha_后 = \alpha_前 = $_____。
6. 导线的纵、横坐标计算过程中，闭合差的计算与调整有_____的计算与调整、_____的计算与调整。
7. 闭合导线角度闭合差是导线测量内角和与_____的差值，其计算公式为：$f_\beta = $_____。
8. 附合导线角度闭合差是_____，其计算公式为：$f_\beta = $_____。
9. 在导线坐标计算中，导线角度闭合差除了平均分配于各角外，往往还考虑短边的夹角_____分配，长边的夹角_____分配。
10. 闭合导线坐标增量闭合差计算公式为：_____；附合导线坐标增量闭合差计算公式为：_____；导线全长闭合差计算公式为：_____。
11. 导线全长闭合差的产生，是由于_____和_____中有误差存在的缘故，一般用_____导线全长相对闭合差作为衡量其精度的标准，其计算公式为：_____。
12. 纵、横坐标增量闭合差的分配原则是将闭合差以_____进行分配，坐标增量改正数计算公式为：_____。

二、完成导线测量的导线点坐标计算

三、结合实训过程,回答下述问题

1. 简述导线点位置选定的基本要求。

2. 简述导线测量的内业计算步骤。

3. 附合导线与闭合导线的计算有哪些不同？

实训任务十四　全站仪地形碎部测量

一、训前思考

（1）碎部测量的方法有哪些？
（2）对碎部点的取舍原则是什么？
（3）碎步测量测站控制点的加密方法有哪些？
（4）碎步测量应如何选择地物测点？
（5）对于地貌碎步测量应如何选择实测顺序？

二、目的和要求

（1）熟练掌握常规光学仪器如经纬仪、水准仪、平板仪的操作与使用方法。
（2）掌握测绘大比例尺地形图的方法、过程及要领，为后续专业课的学习和走上工作岗位打下坚实基础。
（3）熟练掌握图根控制测量中的各项内业计算，加强公路测量技能的"测、绘、算"的基本功训练。

三、工程应用范围

1. 工程规划设计中的应用

工程建设一般分为规划设计（勘测）、施工、运营管理阶段。在规划设计时，必须要有地形、地质等基础资料，其中地形资料主要是地形图。没有确实可靠的地形资料是无法进行设计的，地形资料的质量将直接影响到设计的质量和工程的使用效果。

2. 水利工程勘测设计阶段的应用

我国具有极其丰富的水资源，为了开发和利用这些资源，必须兴建水工建筑物，如河坝、船闸、运河、港口、码头等。为了合理地选择水利枢纽的位置和分布，使其在发电、航运、防洪及灌溉等方面都能发挥最大的效益，需在全流域测绘比例尺为1∶500或1∶100000的地图，以及水面与河底的纵断面图，以便研究河谷地貌的特点，探讨各个梯级中水利枢纽水头的高低、发电量的大小、回水的分布情况以及流域与水库的面积等，并确定各主要水利枢纽的形式和建造的先后顺序。

拦河坝是水利枢纽工程中的主要工程，地形和地质条件决定了坝址的位置，最有可能建坝的地方是河谷最窄而岩层最好的河段。为了确定建坝以后在河流上形成的水库淹没范围及面积，计算总库容与有效库容，设计库岸的防护工程，确定哪些城镇、工矿企业以及重要耕地被临时淹没或永久浸没，并拟订相应的防护工程措施，涉及航道及码头的位置确定，库底清理、居民迁移以及交通线改建等的规划，需要各种不同精度的地形图。

3. 城市建设中的应用

城市的建设也离不开地形图,在确定城市的整体布局时,需要用到各种大、中、小比例尺的地形图。比如:道路规划、各种管线的规划、工矿企业的规划以及各种建筑物的规划等。

在设计中如果没有地形图,设计人员就没办法确定各种工程及相应建筑物的具体位置。利用1∶2000或1∶500比例尺地形图作为选址的依据和进行总图设计的地图,在图上设计人员寻找合适的位置、放样各种设施、量取距离和高程,并进行工程的定位和定向及坡度的确定,从而计算工程量和工程费用等。设计人员只有掌握了可靠的自然地理、资源及经济情况后,才能进行正确合理的设计。

四、地形碎部测量的技术要求

图根平面控制测量应闭合或符合于路线等级控制点上,图根点的密度不得小于每平方公里14个。当需要加密时,图根控制点不宜超过2次符合;条件受限时,可布设成支导线,支导线的边数不得超过3条。

图根导线测量的主要技术要求:导线全长小于3000m,平均边长小于300m,不小于1个测回,测角中误差小于±20″,导线的方位角闭合差小于$40\sqrt{n}$,导线相对闭合差小于1/4000。组成节点后,节点间或节点与起算点的长度不得大于2100m。

五、实训组织及仪器工具

全班共分6个小组,每个小组完成测区范围内一张1∶1000的地形图测绘任务,需要指导教师3名,每人指导2组。

(1)全班在实训老师的带领下,在测区范围内完成全站仪5″导线首级控制任务,保证每幅图内不少于4个高级控制点,每组可安排1人参加,所有的首级控制点高程测量均按四等水准要求组成闭合或附合水准路线进行观测。每组提交一份首级控制成果表,并体现测量工作的基本原则,即从整体到局部,从高级到低级,先控制后碎部。

(2)在实训老师的指导下,进行地形图的分幅,即确定西南角坐标。

(3)每组采用经纬仪导线或线形三角锁的方式在本幅图内做图根控制,每幅图要布设不少于12个图根控制点,图根点的加密可采用三角交会或经纬仪支导线(不超过3点),高程控制可采用图根几何水准或三角高程的方式。图根控制的精度要求参考教材或相关测量规范执行,小组要提交合格的图根控制资料。

(4)在图根控制精度合格的情况下,可将图根点展绘到聚酯薄膜绘图纸上,进行碎部测量。碎部测量主要采用大平板仪测图,也可采用经纬仪配合大平板或小平板仪测图。测图过程中要注意地物的综合取舍,地物符号运用要合理,平面位置要准确,等高线要圆滑,内插合理,图面要美观。

(5)每幅地形图经过指导老师外业检查,无遗漏地物后,方可进行整饰。

(6)地形图检查与验收,评定等级。

(7)编写实训报告,每人一份。

六、方法与步骤

(一)进入程序测量模式

采用光学对中方法将全站仪安置于测站控制点上,进入标准测量程序模块。

（二）创建作业

在程序测量模块中，创建新的作业，输入作业文件名字。其中"NEW"指创建新的作业；"OPEN"指打开原有作业；"DEL"指删除原有作业。

进行碎部测量时，碎部点观测数据和坐标高程将直接保存在文件中，供下一步内业数字成图使用。创建作业，相当于给观测的数据存放起一个文件名。作业名最多包含 8 个字母或数字，当然也可打开一个原有的作业名，方法是按"OPEN"，然后选择已有的文件名。

（三）设置测站点、后视点信息，并后视归零

1. 测站点信息设置

进入测站点信息输入屏幕，输入该测站点的详细信息：点号、仪器高、点号编码，并确认。若该点信息已经存放在创建的作业中，则系统自动调用该点的坐标和高程，若文件中没有该点信息，则屏幕显示坐标和高程输入屏幕，此时输入以上测站点信息，便完成设置。

2. 后视点信息设置

进入后视点信息输入屏幕，输入后视点号，若内存中已有该点的信息，则屏幕显示后视方位角；若文件中无该点信息，屏幕提示输入该点的坐标。然后按屏幕提示照准后视目标，将水平度盘归零，按"确认"键，便完成后视点信息设置。

（四）碎部点数据采集

进入碎部点数据采集屏幕，第一个点的测量需要置入碎部点点号和反射棱镜高，然后照准碎部点所立对中杆，按"确认"键开始测量。待坐标显示于屏幕上后，按相应的确认键，测量碎部点的信息自动存储于上述创建的作业文件中。此时观测员用对讲机将该点的点号报告给立镜员，如：张三 15 号，李四 16 号。立镜员听到自己的名字和点号后，就可以移动到下一个测点上。

再次出现测量屏幕，其碎部点点号递增，默认上一个碎部点的反射棱镜高，并准备下一次测量。如此反复，将各个碎部点测量出来，用于地形图、地籍图或断面图的绘制。

（五）碎部记录

立镜员要现场记录立镜处的点号、地物属性及连线关系。

（六）观测练习

每位同学都要按照以上实训步骤练习设置测站点、后视点信息，并后视归零；熟悉碎部点的测量方法和记录方法。

七、注意事项

（1）后视归零后，要注意检查测站和后视点信息是否设置正确。一般坐标差和高程差（$\Delta x, \Delta y, \Delta H$）在每项小于 0.05m 的前提下，认为设置准确，可以开始碎部测量，否则应查找原因，重新设置。

（2）记录员记录的地物属性和连线关系信息要准确、清楚，便于室内数字成图。

八、上交资料

每小组上交一份 1∶1000 地形图和实训报告，见表 14-1。

全站仪碎部测图 表 14-1

记录员：_____ 日期：_____ 编号：_____

地　　物	连　线　关　系	备　　注

实训报告十四　地形碎部测量

班级		指导教师	
日期		天气		组别	
姓名		学号		仪器编号	

一、地形图测绘知识填空

(1)若知道某地形图上线段 AB 的长度是 3.5cm,而该长度代表实地水平距离为 17.5m,则该地形图的比例尺为_____,比例尺精度为_____。

(2)地物符号按其特点分为_____、_____、_____、_____。

(3)地貌是指地球表面的_____,通常用_____方法来表示。

(4)等高线是地面上_____相等的_____连接而成的闭合曲线。

(5)等高线的种类有_____、_____、助曲线、间曲线四种。

(6)在同一幅图内,等高线密集处表示该处地面横坡_____,等高线稀疏表示地面坡_____,等高线平距相等处表示_____。

二、图示符号识认

完成表 14-2 中符号识认。

表 14-2

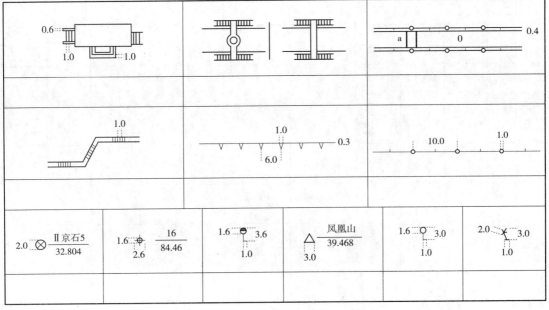

续上表

⊕ 2.0	⊞ 2.0	⊘ 2.0	⊡ 2.0	⊗ 2.0	⊙ 2.0

←○→	4.0	4.0

三、经纬仪测绘法地形碎部测量记录

将地形碎部测量记录在表 14-3 中。

表 14-3

测站	测点	下丝读数 (m)	上丝读数 (m)	尺间隔 n (m)	竖盘读数 (° ′ ″)	竖直角 α (° ′ ″)	水平距离 D (m)	上丝读数 (m)	仪器高 (m)	高差 h (m)	高程 (m)

四、结合实训过程,回答下述问题

1. 在测地形时应选择什么样的地方立尺？为什么要选择这样的地方？

2. 用经纬仪观测碎部点时,应该读出哪些数据？

3. 等高线有什么特性？

4. 地形图具体应用在哪些方面？

五、实训总结(包括知识、技能、态度认识,100字以上)

参 考 文 献

[1] 中华人民共和国国家标准.GB 50026—2007 工程测量规范[S].北京:中国计划出版社,2008.

[2] 中华人民共和国行业标准.JTG C10—2007 公路勘测规范[S].北京:人民交通出版社,2007.

[3] 中华人民共和国国家标准.GB/T 18314—2009 公路全球定位系统(GPS)测量规范[S].北京:人民交通出版社,2007.

[4] 中华人民共和国行业标准.JTG B01—2014 公路工程技术标准[S].北京:人民交通出版社,2014.

[5] 中华人民共和国国家标准.GB/T 20257.1—2007 国家基本比例尺地图图式第一部分:1:500 1:1000 1:2000[S].北京:中国标准出版社,2007.

[6] 中华人民共和国国家标准.GB/T 16818—2008 中、短程光电测距规范[S].北京:中国标准出版社,2008.

[7] 周小安.工程测量[M].成都:西南交大出版社,2007.

[8] 潘威.公路工程施工测量技术[M].北京:人民交通出版社,2014.

[9] 李仕东.工程测量[M].北京:人民交通出版社,2009.

[10] 胡五生,潘庆林.土木工程测量.[M].南京:东南大学出版社,2002.

[11] 顾孝烈,鲍峰,程效军.测量学[M].2版.上海:同济大学出版社,1999.

[12] 徐绍铨,等.GPS测量原理及应用[M].3版.武汉:武汉大学出版社,2008.